# FOURNEAU-POTAGER

# ÉCONOMIQUE.

Le dépôt de ce Fourneau est maison de
M. Harel, rue Saint-Honoré, N° 92, au grand
Balcon, en face de la rue de l'Arbre-sec.

Il s'est chargé de faire construire ces appareils, et c'est à lui qu'il faut s'adresser pour
toutes demandes et envois. Il a destiné les
Dimanches et Mardis pour l'expérience publique de ce Fourneau-Potager, dont un coup-
d'œil suffit pour embrasser les détails.

# FOURNEAU-POTAGER

## ÉCONOMIQUE,

*CONSOMMANT, pour la préparation du dîner d'une famille, de 8 à 10 centimes en bois, ou de 12 à 15 centimes en charbon.*

---

*Multa cum paucis.* — Beaucoup avec peu.

---

## PAR A.-A. CADET-DE-VAUX.

SUIVI D'OBSERVATIONS sur l'application de cet Appareil à tous les besoins du ménage;

ET

## SUR UN POÊLE-FOURNEAU;

PAR M. HAREL.

## TROISIÈME ÉDITION.

---

## A PARIS,

CHEZ D. COLAS, Imprimeur-Libraire, rue du Vieux-Colombier, N° 26, faubourg Saint-Germain;

Mad⁰ HUZARD, Impr.-Libraire, rue de l'Eperon Saint-André-des-Arts, N° 7;

DELAUNAY, Libraire, Palais du Tribunat.

1807.

# AVERTISSEMENT.

C'est l'année dernière seulement que j'ai
pu réaliser le projet que j'avais conçu depuis
long-tems de procurer à l'économie domestique ce fourneau-potager. Jai constamment
été repoussé des ateliers en m'y présentant
avec la procuration de l'indigence, à laquelle
je désirais que ce fourneau pût profiter, ce
qui le supposait du prix le plus bas possible.
Mais combien il est difficile d'arriver jusqu'à
l'indigence ! et c'est souvent en vain qu'on
lui tend la main ; son découragement s'oppose
au léger effort qu'il lui faut faire pour se sou-
lever. La somme modique que cet appareil
coûte, l'indigent ne l'a pas ; d'ailleurs comment
saurait-il que ce fourneau existe ? C'est donc
à la bienfaisance, à la charité chrétienne à le
lui apprendre en lui en faisant le don, et ce
don de neuf francs en économisera six, par
chaque mois d'été, sur la dépense ordinaire
du combustible.

M. *Harel*, auquel on doit d'utiles inventions relatives à l'économie du combustible,
a bien voulu concourir à faire connaître ce fourneau-potager, en se chargeant de sa distribu-

tion ; il a fait plus , il l'a perfectionné ; mais sur-tout il en a étendu et multiplié les usages , de manière qu'il puisse en hiver devenir le seul foyer d'une habitation ; il a converti ce fourneau-potager en un poêle , le plus économique pour l'asyle de la médiocrité.

Ce que j'avais prévu de l'utilité de ce fourneau-potager et de son application à la préparation de nombre d'alimens, ce physicien l'a réalisé par plusieurs expériences faites avec précision , et je l'ai invité à vouloir bien les rédiger lui-même pour faire suite à cette nouvelle édition.

## OBSERVATIONS PRÉLIMINAIRES.

L'Économie publique, et plus spéciale-
ment encore l'Economie domestique,
s'alarment de la rareté et de la cherté
progressives du bois et du charbon,
dont la préparation des alimens nécessite une consommation que décuple le
défaut d'instrument pyrotechnique qui,
réglant la combustion, ne dépense que
la stricte quantité de combustible.

Ce n'est pas qu'on n'ait multiplié les
inventions propres à remplir cet objet;
mais la plupart sont des spéculations;
le brevet d'invention marche en avant:
dès-lors le prix de ces appareils fait
hésiter, même l'*aisance*, à se les procurer. D'ailleurs ils sont compliqués,
ou ils exigent une construction; ils
demandent enfin de nouvelles habitudes
auxquelles les domestiques se refuse-
raient.

Quant à la *médiocrité*, elle fait plus
qu'hésiter: en effet, telle famille qui,

vivant au jour le jour de son travail, dépense journellement pour trente sous de combustible qu'exige la préparation de ses alimens, disposerait difficilement d'une somme de trois cents francs que coûte tel appareil, quoiqu'il dût économiser les quatre-cinquièmes de combustible.

Pour l'*indigence!* impossible à elle de pouvoir disposer même de dix francs pour une économie annuelle de cinquante. Aussi, condamné à payer tous les objets de consommation beaucoup plus cher que le riche, tout en les recevant altérés par la cupidité mercantile, l'indigent veut-il mettre un pot-au-feu, et c'est seulement dans le cas de maladie, il ne peut y employer que la falourde, le cotret, le fagot, le boisseau de charbon ou de braise; et il lui en coûte, pour un pot-au-feu de quinze sous de viande, moitié de ce prix en combustible.

Il fallait bien que la philantropie vînt au secours de l'indigence; nous lui offrons donc un potager complet, pouvant suffiré, et au-delà, à ses besoins alimentaires ; potager qui ne lui coûtera que dix francs, et qui ne lui dépensera, par jour, que huit à dix centimes de combustible en employant du bois de préférence au charbon.

Nous offrons également ce potager à l'honnête médiocrité.

Nous l'offrons enfin à l'aisance qui ne se soutient que par l'économie. Ce potager aurait été celui de *Socrate*, de *Caton*, de *Xénophon*, les pères de l'Économie domestique. Une statue de *Phydias*, sous leur portique, et ce fourneau-potager dans leur cuisine ! parce que les choses belles et utiles avaient un même prix à leurs yeux. Nous l'offrons, disons - nous, à l'aisance, parce que notre potager suffit à un repas bourgeois d'une famille entière ; potage, bouilli, entrée, entremets, etc., repas qui consomme journellement pour trente sous de combustible.

La dépense de bouche, qui va toujours croissant, se trouvera diminuée de ce qui est en excédent de quinze

centimes : or cette économie de vingt-
cinq sous par jour peut fournir à la
famille un plat d'extraordinaire de plus ;
*une tourte, une tranché de jambon,* etc.

Combien ces détails doivent paraître
petits et ridicules à tel riche que rassasie
la seule vue des mets dont sa table est
couverte ; qui ne se doute pas du nombre de ces familles respectables, vivant
de privations ; et cela souvent après
avoir connu l'aisance ; qui ignore que
l'économie domestique est une vertu,
pénible quand elle devient **vertu** de
*nécessité ! Sully* aurait accepté la dédi-
cace de cette Dissertation que, sur son
titre, le riche ne lira pas.

Qu'en été on se transporte dans une
cuisine bourgeoise, on voit, dès le matin, un foyer garni d'une bûche de derrière, de deux gros tisons bout à bout,
et souvent d'une bûche en travers ; le
tout aidé de parement de fagots, pour
*mettre le pot-au-feu en train.* Avant
qu'il écume il s'écoule une grande heure
près d'un grand feu ; il n'y a que lui au
foyer pendant une partie de la matinée,

et il aura, à lui seul, consommé pour quinze sous de bois.

Si c'est dans une chambre étroite, ce feu de cheminée flambant devient insupportable par un tems chaud ; au moins notre potager peut se porter à l'écart.

Quant à la cuisine du riche, n'en parlons pas ; c'est un incendie pour un pot-au-feu ; prodigalité de combustible qui aboutit à n'avoir souvent, avec beaucoup de viande, que de mauvais bouillon, qu'il faut masquer avec du jus et du coulis, parce que tel est le résultat d'un pot mal mené ; tandis que, dans notre potager, le bouillon sera toujours excellent.

Il est de l'intérêt public de diminuer la consommation du combustible. Si, d'un côté, on plante ; si, de l'autre, on économise les huit-dixièmes du bois journellement employé à la préparation des alimens, cette plaie de la rareté du combustible qui frappe l'économie publique et privée se cicatrisera promptement. Un bois procure bien des fagots avant de donner une solive ;

et c'est du menu bois que nous conseillons préférablement l'usage, parce que, sur-tout au prix actuel du charbon, le bois fait économie de moitié aux trois-cinquièmes (1); d'ailleurs le bois donnant flamme chauffe rapidement, et met plus promptement le pot *en train*; enfin il laisse dans le foyer son volume de charbon.

Faisons maintenant connaître notre Fourneau-Potager économique.

______

(1) Des expériences de *Lavoisier* et de *Kirwan*, il résulte que mille quatre-vingt neuf livres de bois de chêne et six cents livres de charbon donnent autant de chaleur; or, le charbon coûtant deux sous la livre et le bois ne coûtant réellement que six deniers, il y a économie de plus de moitié à se servir de bois.

# FOURNEAU-POTAGER

## ECONOMIQUE.

On se bornera à donner ici une légère description du Fourneau-Potager économique (1). Comme toutes les proportions sont de rigueur, c'est ce Fourneau-Potager même qu'il faudra tirer du dépôt à l'effet d'en faire construire de semblables par-tout où il y aura des ateliers de poterie ; conséquemment on n'accompagnera pas cette description d'une gravure.

## *Du Fourneau.*

Déjà il existait un Fourneau de M. *Bouriat* (2), adopté dans un grand

---

(1) M. *Harel* en donnera une très-détaillée du Fourneau et de son appareil à la suite de cette dissertation.

(2) Je me suis empressé de faire connaître ce Fourneau, comme étant un beau présent fait à l'industrie artielle, en raison d'une grande économie de combustible ; il a été gravé dans le *Journal d'Economie rurale et domestique ;* c'est ce Fourneau que j'ai préféré à beaucoup d'autres, à cause de sa simplicité, et sur-tout de l'avantage qu'il a de former deux zônes de chaleur, dont on peut supprimer la supérieure.

nombre d'usines : des modèles le multipliaient dans les départemens; mais il fallait, pour le rendre populaire, en faire un fourneau portatif, et y apporter les modifications que cette application nouvelle exigeait.

Le fourneau est composé :

Du foyer et sa porte.

Du cendrier et sa porte.

De deux grilles en terre ou en fer, dont l'une qu'on élève à volonté, sert à rapprocher le combustible du vaisseau à chauffer, quand c'est du charbon qu'on emploie.

D'une cafetière-porte.

Pouvant employer indifféremment charbon, tourbe et bois, il part, du foyer une ouverture destinée à diriger la fumée dans une cheminée ou à recevoir un bout de tuyau pour en prolonger l'issue à travers un carreau de fenêtre, là où il n'y aurait pas de cheminée.

## Du Tuyau.

Si la disposition du local dans lequel se trouve placé le fourneau-potager nécessite l'emploi d'un tuyau, on pourrait épargner la dépense d'un tuyau en tôle, en y substituant un tuyau en bois, c'est-à-dire une simple planche assujettie par quelques clous sur le mur de la cheminée avec l'angle duquel notre planche fera triangle. — *Et le feu ?* — Il nous en faut si peu; d'ailleurs la construction du fourneau, les sinuosités que la flamme est obligée de suivre dans le foyer, ne lui permettent pas d'arriver à l'orifice même du coude destiné à recevoir un tuyau; mais rendons cette planche ininflammable. A cet effet, quand elle sera dressée pour le local, on la passera à travers la flamme, de manière à en réduire la superficie en charbon, et toute brûlante, on arrosera la planche des deux côtés avec de l'eau, dans laquelle ou aura fait fondre une poignée de sel de cuisine ou une once de couperose verte (du prix de six à huit deniers), ou enfin de la lessive de cendres un peu forte, tous moyens qui en pénétrant le bois de l'un ou l'autre de ces sels, le rendent ininflammable. Placée au milieu d'un foyer ardent, cette planche finirait par brûler, mais elle ne s'enflammerait pas, et c'est sur-tout l'inflammabilité du corps qui cause les incendies ; une dépense de quelques sous, et voilà le plus solide des tuyaux ; il ne se détruira pas par la rouille comme celui de tôle qui finit par se cribler de de trous au bout d'un an (3).

___

(3) Un tuyau de bois appliqué à un fourneau, de même qu'on l'applique à un réservoir d'eau, est une idée très-ingénieuse ; on la doit à M. *Foucques*, propriétaire de la Blancherie Bertholienne de l'hôtel de Bretonvilliers, qui est dans son atelier chimique comme Robinson dans son île ; la terre de son jardin fait ses fourneaux, fait ses luts, et c'est à cette école que les manufacturiers apprendront à ne pas se ruiner en constructions et en appareils.

M. *Foucques* n'a pas eu, pendant deux ans, d'autre cheminée pour un fourneau qui consommait trois voies de bois par semaine. Cette cheminée passait en dehors, et les quatre planches qui la composaient, lorsqu'on la démonta au bout de deux ans, avaient à peine trace de fuliginosité.

Ce tuyau avait 36 pieds de hauteur et 6 pouces de diamètre, ce qui fait deux toises de bois, dont le prix alors était de 4 fr. la toise ; une perche de 3 fr. soutenait la cheminée sur le mur, ce qui fait 11 fr., et 15 fr., si l'on veut, avec la main-d'œuvre. La base de cette cheminée était portée sur une prolongation de 3 ou 4 pieds en briques,

## De la Cafetière-Porte.

LE foyer a sa porte en terre ; mais j'ai imaginé de lui substituer une cafetière en fer - blanc qui fera l'office de porte.

Cette cafetière, qui reçoit la chaleur rayonnante, servira à entretenir de l'eau chaude ; à faire le café ; à réchauffer le bouillon, le lait, les alimens légers de l'enfance.

Notre cafetière-porte tient une pinte d'eau. Combien de fois on allume du feu dans un ménage pour faire chauffer

---

dans laquelle aboutissaient les trois tuyaux du fourneau qui alimentait trois chaudières. Au bout de deux ans on démonta la cheminée pour en examiner l'intérieur, et on n'y trouva pas un atôme de suie, mais seulement une poussière folle qui avait à peine adhérence.

Je n'ajoute à cette idée ingénieuse que la précaution à prendre pour empêcher la planche de brûler entièrement, c'est de l'imbiber d'une solution saline pour prévenir la plus légère crainte de feu.

Ces détails peuvent intéresser plus d'une manufacture à former.

Il n'y a pas un grand mérite à faire très-chèrement une cheminée en plâtre ou en briques, et qu'il faut souvent ramoner ; la cheminée en bois ne se ramone pas, parce que le bois n'est pas condensateur comme les matériaux qui en absorbant le calorique de la fumée, contraignent l'acide ou l'huile pyro-ligneuse à se déposer sur leurs parois.

2

une pinte d'eau ! Au moyen de notre porte-cafetière il y aura constamment de l'eau chaude pour les besoins de la mère de famille qui, en hiver, a des enfans transis de froid, à changer et à laver, des savonnages à faire, etc.

Combien une petite quantité de combutible donne de chaleur, quand le calorique, au lieu d'être entraîné par un courant d'air rapide, comme dans les tuyaux de cheminées ou de poêles ordinaires, se tamise à travers les corps qui le contiennent, pour se répandre insensiblement ! c'est ainsi que ce fourneau-potager fera en hiver l'office de poêle dans une pièce de peu d'étendue.

Ce fourneau, le feu éteint, conservant sa chaleur pendant quatre heures, et sa tiédeur pendant huit, peut, le dîner, sur-tout le souper étant fait, entretenir pour la nuit les boissons d'un enfant, d'une femme en couche, d'un malade, et procurer même du linge chaud.

Avec cinq ou six sous de combustible, il fera le service de trois repas du jour, et fournira aux besoins de la nuit.

### *Potager.*

Le potager est composé d'une marmite de terre vernissée, d'un couvercle-marmite (4)

### *De la Marmite.*

La marmite a une saillie à mi-hauteur, qui recouvre le rebord du fourneau et en contient le calorique.

Cette marmite est le pot - au - feu ; pour la préparation des alimens maigres, elle sert à cuire les légumes secs ; à faire le potage.

Le rebord large et plat de la marmite, est destiné à recevoir un couvercle-marmite, qui se trouve adapté de manière à contenir la vapeur.

### *Du Couvercle-marmite.*

Ce couvercle est du diamètre de la marmite ; il a beaucoup d'élévation, ce qui lui donne beaucoup de capacité.

_______________

(4) On conçoit que les dimensions de chaque pièce étant sévèrement les mêmes, on peut remplacer à bas prix celles qui viendraient à se casser.

Il remplit l'office de couvercle ; l'office de bain de vapeur , et redevient au besoin marmite.

Sa surface plate à son sommet peut recevoir , dans un plat couvert , un des mets préparés , qui s'y tient chaud par la tendance du calorique à s'élever.

### Du Bain-marie.

Dans un petit ménage , on se procure encore une grande quantité d'eau chaude , au moyen d'un vaisseau de tôle étamée , qu'on substitue au couvercle - marmite et qui fera bain-marie.

Ce bain peut contenir plusieurs pintes d'eau , qui chaufferont rapidement par le moyen du calorique superflu , et pourront procurer , dans le courant de la matinée , une grande quantité d'eau chaude , pour un bain de pied , pour le bain d'un enfant, le savonnage enfin, pour tous les usages domestiques , et sur-tout pour l'eau de vaisselle.

Ce bain-marie peut servir à préparer des crêmes , des œufs au lait , etc.

Les nécessités de la vie se répétant à

l'infini, il faut simplifier les moyens d'y satisfaire pour n'avoir pas à les trop multiplier.

Ces idées-là viennent quand on pense à *Franklin*, qui avait des appareils de physique dans sa canne creuse, et qui faisait ainsi des expériences au milieu de sa promenade.

Notre potager fera une grande économie de marmites, ce qui ne laisse pas d'être un objet de dépenses dans les petits ménages; en effet rien ne se détruit plus promptement que nos marmites ordinaires, qui, mises devant un grand feu, ne résistent pas à cette inégalité de chaleur qui les frappe d'un côté, et du froid qui les frappe à l'opposite. En outre, si on ne tient pas une marmite constamment pleine, elle brûle à la partie élevée qui est le plus exposée à l'action du feu; tandis que notre marmite se trouve, dans sa base, enveloppée de la chaleur rayonnante, et n'est point en contact avec le combustible. C'est ainsi que de tout bon principe, il résulte nécessairement de bonnes conséquences. Aussi notre marmite peut n'être pas remplie et servir indifféremment à un pot-au-feu de quatre ou de deux livres de viande.

## Du Diaphragme.

Sur le rebord intérieur de la marmite, on pose une capsule de tôle étamée, portée sur trois attaches, percée à jour dans son rebord, et ne l'étant point dans son fond. C'est le diaphragme de la marmite américaine ; il sert à recevoir tout ce qu'on veut faire cuire à la vapeur ; la profondeur du couvercle-marmite qui recouvre ce diaphragme, permet d'y placer des choses volumineuses, une botte d'asperges, des pommes-de-terre, des carottes, des chou-fleurs, qu'on pyramide.

Tout cela cuit à la vapeur du pot-au-feu mijotant à petit bouillon.

On conçoit ce que tout légume, cuit à la vapeur d'un excellent pot-au-feu, qui lui-même est déjà parfumé de légumes, doit gagner en saveur et en arôme.

On peut faire cuire à la fois plusieurs

espèces de légumes dans le diaphragme ; car si dans un pot-au-feu où les légumes sont confondus, chacun cependant conserve son goût, à plus forte raison en cuisant à la vapeur.

On sait qu'un légume à la vapeur est beaucoup plus promptement cuit qu'à l'eau, parce que la vapeur de l'eau bouillante donne cinq fois, et au-delà, plus de chaleur que l'eau bouillante elle-même, ce que prouve l'expérience de la quantité de glace fondue par l'une et par l'autre. Il n'y a peut-être que cette manière de cuire l'asperge pour lui conserver sa couleur, son arôme, sa saveur sucrée et sa fermeté. Elle sort du bain de vapeur plus verte que de l'aspergerie. Le riche ne mangera pas tout cela aussi savoureux, parce que c'est en pleine eau, bien bouillante, que se cuisent ses légumes.

La cuisine du riche ne lui offrira surtout point un riz aussi renflé, et conséquemment aussi moëlleux que celui que nous mettrons crever au fond du diaphragme. Ce riz, mouillé d'une cuillerée de bouillon , assaisonné d'un grain de sel , sortira de son bain de vapeur , comme le riz des Indiens , gonflé et cependant *sec* , semblable à de la mie de pain tendre.

Ce potager , ne dût-il remplir d'autre but que celui de la moindre consommation possible du combustible , serait déjà bien accueilli de l'Economie domestique ; mais il réunit à cet avantage celui de n'offrir à l'Economie animale que des substances alimentaires douées de leur arôme , de leur saveur et de toutes leurs propriétés nutritives ; substances dont les principes ne résistent pas à l'action d'une longue et forte ébullition (5). Aussi ce potager est-il bien celui du convalescent, qui peut distraire

---

(5) Dans ma Dissertation sur le Café, il y en a une sur cette action destructive que l'eau bouillante exerce sur les substances végétales et animales ; j'y établis que la livre de viande par pinte d'eau soumise à une forte ébullition, telle qu'elle a lieu dans de vastes marmittes, ne donne que de détestable bouillon, tandis que cette même livre de viande dans un pot qui mijotte fera un consommé : M. *Thénard* a récemment fortifié cette proposition par de savantes expériences chimiques.

son ennui en suivant de l'œil la préparation de son consommé, et assis dans son fauteuil, s'occuper de ces petits mets de fantaisie que sollicitent ses dégoûts.

## De la Casserole pour la cuisson au bain-marie.

UNE casserole, également de fer étamé, que l'aisance pourrait se procurer d'argent, a, comme notre diaphragme, ses trois attaches, qui la posent sur le rebord de la marmite ; elle est destinée à plonger un peu dans le bouillon, et à cuire des ragoûts, des entremets au bain-marie, si la casserole et couverte ; et tout à la fois au bain de vapeur en la tenant découverte ; ce ragoût n'a pas alors l'inconvénient des viandes étouffées.

Cette casserole peut remplir nombre d'autres objets, et pendant les six ou sept heures que le pot est au feu, servir successivement à réchauffer les alimens de la matinée et à y préparer, le vase bien clos, les mets les plus étrangers à la viande , dont la vapeur , interceptée par le couvercle , n'est plus que du calorique très-actif.

## Du Gril-braisier.

J'AVAIS , dans les premières éditions de cette dissertation , indiqué , pour rôtir les viandes, un *gril-braisier* qui sera désormais supprimé de cet appareil , M. *Harel* ayant perfectionné ce même moyen par un gril perpendiculaire qui réunit tous les avantages , et qui deviendra promptement populaire.

## De la Rôtissoire.

NOTRE potager qui sert si bien la sobriété , s'est cependant prêté à une sorte de luxe de table ; hors-d'œuvre , entrée , entremets , etc. Mais la mère de famille veut un rôti. Procurons-le lui pour douze à quinze autres centimes de charbon ; car elle redoute de se servir de son tournebroche , sur-tout en été , il consommerait dix à douze sous de bois pour rôtir un poulet ; combien serait-ce pour un fort aloyau qu'elle veut servir ?

M. *Bouriat* avait adopté ce moyen déjà connu, mais peu usité, d'une cavité pratiquée dans le mur de la cheminée de cuisine, formant un petit foyer garni de deux petites barres de fer destinées à soutenir une poignée de charbon. La *cuisinière*, cette rôtissoire de fer-blanc, actuellement en usage, est portée sur un pivot, et se place par ce moyen devant le petit brasier.

Mais pourquoi ce moyen n'est-il pas usité ? c'est parce qu'il y a une construction à faire, des briques à placer, le grillage à sceller; et l'on n'a ni le tems, ni la volonté suffisante pour ces détails.

Aujourd'hui ce petit foyer est tout disposé; j'ai engagé M. *Harel* à le faire fabriquer en terre cuite garni de sa petite grille; il n'y a plus qu'à le poser; et ce foyer qui coûte six francs, qui ne brûle que pour deux ou trois sous de charbon, peut être substitué à ces énormes tournebroches, luxe ancien de nos pères, et qui consommaient prodigieusement de bois.

## Du Dîner préparé.

SERVONS maintenant un des dîners auxquels notre potager suffit.

Un pot-au-feu de quatre à cinq livres de viande, donnant le plus excellent bouillon, peut faire deux potages.

Un potage au pain et un potage au riz ; ou le potage du lendemain.

Le riz a crevé à la vapeur, et le pot enlevé du feu, on lui substitue le couvercle - marmite pour cuire le riz au bouillon.

Une volaille qui a cuit avec le bœuf peut être servie au gros sel ; ou c'est une poitrine de mouton qu'on braisera, ou enfin un pied de veau ; voilà des hors-d'œuvres.

Un ragoût, de viande de boucherie ou de volaille, au bain-marie et de vapeur. On peut préparer deux ragoûts pendant les six ou sept heures que la marmite reste au feu.

Un ou deux plats de légumes cuits à la vapeur, dont l'un mouillé au bouillon, l'autre à la sauce-blanche que permet de faire la chaleur du foyer et les débris de feu, en les reportant sur la grille supérieure.

Car le couvercle ayant beaucoup d'élévation, on peut poser le diaphragme au-dessus de la casserole, pour cuire en même tems le ragoût et les légumes.

A ces deux plats d'entremets chauds, on peut en ajouter un troisième ; des œufs au lait, une crême, qu'on aura préparés à l'avance dans la casserole faisant bain-marie supérieur.

Quant au café, on l'aura fait dans la cafetière-porte.

Ce n'est plus ici le simple potager de l'indigence, et l'on peut regarder comme un très-bon ordinaire bourgeois ce dîner pour huit à dix individus (6).

―――――――――――――

(6) Le Fourneau-Potager est composé de trois pièces : le fourneau en terre ; la marmite ; le couvercle-marmite.

Le Fourneau-Potager, destiné à la famille bourgeoise, a de plus le diaphragme, la casserole, la cafetière-porte, le

La multiplicité des mets, en exigeant plus de calorique, élèvera la dépense du combustible à *vingt-cinq* centimes, mais nous sommes huit à dix personnes.

Considérons ce qu'aurait exigé de feu un pareil dîner. Un feu de cheminée pour le pot, la cuisson des légumes à pleine eau ; eau de vaisselle ; de plus, un ou deux fourneaux pour les ragoûts. En sorte que le même dîner, qui aurait coûté en bois et charbon trente sous, coûtera, avec notre potager, cinq sous, en raison du nombre des plats ; ce qui fait les cinq-sixièmes d'économie.

### *Cuisine Bayonnaise.*

La cuisine Bayonnaise met ensemble, dans la même marmite, le bœuf et les diverses espèces de viandes destinées au dîner, veau, mouton, volaille, pigeon ; on les laisse dans le pot-au-feu prendre

bain-marie, le tout en fer-blanc. Ces pièces augmentent le prix de l'appareil ; mais c'est une batterie de cuisine complète, y compris un véritable chaudron supérieur ; car notre bain-marie contient six pintes d'eau constamment chaude à 75 degrés.

un commencement de cuisson, ce qui améliore d'autant le bouillon et évite la lenteur de la mise en première cuisson des différens ragoûts. Par ce moyen on gagne beaucoup de tems et on économise le charbon qui se consomme dans les fourneaux. Ce bouillon nourri et *corcé*, sert à mouiller les ragoûts et restitue ainsi aux viandes la portion du suc qu'il a pu leur enlever.

Notre marmite étant chauffée par son fond et pouvant n'être pas constamment remplie, on peut, à plus forte raison, débuter par y mettre ainsi, avec le bœuf, les autres viandes du dîner, pour les en retirer au moment de les préparer et les mettre dans la casserole.

Un premier ragoût prêt, on reprendra dans son bouillon une autre viande pour faire le second.

Quelques jours seulement d'usage, et une maîtresse de maison ou une ménagère intelligente, auront bientôt appris à tirer tout le parti économique de ce potager.

Nous n'avons pas parlé d'un de ses grands avantages ; c'est de faciliter des heures d'absence dans le courant d'une matinée, et de permettre à la ménagère ou à une domestique, de vaquer par-là aux soins du dehors. On quitte le pot bouillant, on ferme cendrier et foyer, et une heure après on les retrouve mijotant.

# OBSERVATIONS

## SUR

## LE FOURNEAU - POTAGER

### ÉCONOMIQUE;

## LE FOURNEAU - POÊLE;

### UNE NOUVELLE MACHINE A RÔTIR;

### UN NOUVEAU GRIL-BRAISIER;

### ET

## SUR LE FOURNEAU-DÉJEUNER:

SUIVIES DU RÉSULTAT D'EXPÉRIENCES sur la préparation des divers alimens, dont ces appareils opèrent la cuisson.

## PAR M. HAREL,

*Physicien et Professeur de Pyrotechnie.*

Ces Appareils et ces Fourneaux se trouvent
chez M. *Harel*, rue Saint-Honoré, N° 92,
vis-à-vis la rue de l'Arbre-sec, maison du
Chapelier, *au grand Balcon*; où l'on trouve
aussi une nouvelle Cheminée fumivore de son
invention; des Briquets oxigénés sans phos-
phore; des Cafetières en porcelaine, propres
à filtrer le café. Il se charge de l'envoi de ces
objets dans les départemens.

# AVERRTISSEMENT.

**M.** *Cadet-de-Vaux* m'a confié le dépôt du Fourneau-Potager économique de son invention, à ces deux conditions ; la première, de donner à cet appareil toute la perfection dont il pouvait devenir susceptible : je crois avoir rempli cette condition ; la seconde était de les faire fabriquer au plus bas prix ; car on sait que les spéculations de cet ami de l'humanité se bornent à la plus grande utilité de tous, et sur-tout à celle de la classe indigente. Cette dernière considération a fait désirer à M. *Cadet-de-Vaux* que les ménages peu aisés pussent se procurer le Fourneau de petite dimension pour le prix de 9 fr. au lieu de 10 fr., en se présentant avec un billet indistinctement délivré par leur bureau de bienfaisance, les Curés, les Sœurs de Charité de leur paroisse, ainsi que les Dames de la Société maternelle. Non-

seulement je me suis empressé de sous-
crire à cette condition, mais voulant
coopérer par mon désintéressement au
soulagement des familles pauvres, je
m'engage à leur procurer mon poêle,
petite dimension, avec la marmite et une
capsule de tôle, pour le prix de 15 fr.
au lieu de 17 fr., et aux mêmes conditions, c'est-à-dire sur la présentation
d'une recommandation charitable (*).

---

(*) On fait ici abstraction des accessoires en fer-blanc.

# OBSERVATIONS.

I**NVENTEUR** d'une Cheminée, d'un fourneau d'évaporation, d'un Poêle, le tout établi d'après des principes puisés dans la physique, j'avais aussi le projet de m'occuper d'un Fourneau-Potager, lorsque j'eus connaissance de celui que M. *Cadet-de-Vaux* venait d'offrir à l'économie domestique. Soit la simplicité des moyens, soit l'efficacité des résultats, soit enfin son bas prix, et sur-tout l'économie du combustible, je le trouvai remplissant parfaitement son objet : *Multa cum paucis* ; Beaucoup avec peu.

La conception m'en paraissant heureuse, et les détails bien coordonnés, et n'espérant pas obtenir mieux, je fis volontiers le sacrifice de mon amour-propre, et priai M. *Cadet-de-Vaux* de m'en rendre le dépositaire : j'ai eu depuis la satisfaction de voir que je ne m'étais pas trompé dans le jugement que j'en avais porté. Ce Fourneau a obtenu l'approbation du Jury national de la Société d'Encouragement, celle du comte *de Rumfort*, de M. *Pictet*, professeur de physique à Genève, de M. *Rochon*, physicien très-distingué, membre de l'Institut, du docteur *Swediaur*. M. *Descroisilles*, ce célèbre chimiste, si bon juge, d'après la perfection que lui-même a donnée à la Pyrotechnie ▓▓▓facturière, a vu ce Fourneau avec une sorte d'enthousiasme, en raison de son utilité. J'ai vu enfin l'accueil flatteur que lui faisait le public ; car j'en ai beaucoup vendu, sur-tout aux personnes riches, contre l'attente de M. *Cadet-de-Vaux*, dont la philantropie le destinait de préférence aux fortunes médiocres, et principalement à l'indigence.

Un long usage de ce Fourneau, et les conseils de plusieurs personnes éclairées qui n'en emploient plus d'autres, m'ont procuré les moyens d'y faire quelques changemens qui semblent devoir lui imprimer le sceau de la perfection.

Je ne crains pas de le dire, ce Fourneau, sous peu, deviendra populaire, et il sera probablement alors en fonte ainsi que sa marmite, à moins qu'on ne la préfère en cuivre étamé. Ce sera dans ce cas un patrimoine de famille qui passera de père en fils ; mais alors peut-être ignorera-t-on le nom de l'inventeur; d'ailleurs on sait que cet inventeur là ne se livre qu'à des objets d'utilité publique et privée, ce qui semble exclure la soif de la gloire.

La rareté du combustible qui se fait sentir tous les jours davantage, fait un devoir à tout bon français de l'économiser le plus possible (1).

______

(1) Le boisseau contient quatre livres et demie de charbon ; il coûte à Paris 12 sous. — Le pain y est souvent moins cher.

On ne peut atteindre ce but que par le moyen d'appareils simples dans leur construction, d'un service commode et d'un prix modique qui puissent ainsi convenir à toutes les classes de la société, même aux riches qui mangeront de meilleure soupe, de meilleur riz, et des légumes plus savoureux que préparés comme ils le sont à leurs vastes foyers. Je reviendrai sur cet objet.

## Expériences faites avec le Fourneau-Potager économique.

AVANT de donner les détails du fourneau-Potager, je vais rendre compte d'expériences récemment faites dans la maison d'un frabricant qui nourrit vingt jeunes ouvriers. — Le résultat de ces expériences est l'écononomie des neuf-dixièmes de la dépense en bois ; un autre résultat est l'amélioration des alimens.

### Première Expérience.

LE 29 Septembre dernier on a mis six livres et demie de viande, avec quarante livres d'eau ( 20 pintes ) dans une marmite de cuivre placée sur le fourneau-potager que j'avais fait environner d'un massif de briques pour lui donner de la solidité. Je me suis servi d'abord de très-petit bois qui donne flamme. Le pot a commencé son ébullition au bout d'un quart-d'heure. La viande a été déclarée bonne et bien cuite au bout de six heures. Il a été employé six livres de bois, ce qui fait trois sous. La marmite vidée, on y a mis douze pintes d'eau à chauffer pour la vaisselle. On a fait cuire dans cette marmite trois litres de haricots secs pour le souper. Il n'a fallu que trois heures. J'ai employé trois livres et demie de bois pour leur cuisson, ainsi que pour faire chauffer de l'eau de vaisselle, ce qui fait neuf livres et demie de bois, c'est-à-dire, moins de cinq sous de bois.

### Deuxième Expérience.

LE 6 Octobre on a mis huit livres de viande avec 45 livres d'eau ( 22 pintes et demie) dans la marmite. On a employé de plus gros bois que dans la première expérience. Le pot n'est entré en ébullition qu'au bout d'une heure ; après être écumé, j'ai fait cuire à la vapeur les trois litres de haricots destinés pour le soir, dans la casserole qui occupe la capacité vide de la marmite. On a chauffé, à deux fois, dans le seau couvercle-marmite une plus grande quantité d'eau que dans l'expérience dernière, et beaucoup plus qu'il n'en fallait pour rincer la vaisselle. La soupe a été déclarée bonne, et la viande bien cuite au bout de six heures ; les haricots ont été trois heures à cuire. J'ai dépensé six livres de bois (trois sous) pour les deux repas de vingt personnes. Cette expérience a été faite chez M. *Monbro*, fabricant de nécessaires, rue Française, N° 8, près la halle aux cuirs, qui ayant vingt jeunes ouvriers à nourrir de la manière qui vient d'être détaillée, dépensait chaque mois une voie de bois. Il opérait à la manière ordinaire, en plaçant sa marmite sur un trépied dans une cheminée. Le pot bouillait à gros bouillons, et souvent le bouillon se répandait dans les cendres ; si on le quittait on trouvait le feu éteint ; alors on le rallumait, voulant réparer le tems perdu, pour la cuisson de la viande, on faisait rebouillir de nouveau, ce qui faisait habituellement une mauvaise soupe.

Apprécions maintenant l'économie que procure le Fourneau-Potager.

M. *Monbro* ne nourrit pas ses jeunes ouvriers le dimanche ; il faut conséquemment répartir les douze voies de bois qu'il employait sur 313 jours. La voie de bois est estimée à Paris, rendue chez soi et sciée, 40 liv., terme moyen, ou deux liards la livre ; il dépensait donc 480 fr. par an pour les 313 jours, ce qui porte la dépense en combustible à un franc 53 centimes par jour. J'ai fait la même chose avec six livres de bois ou trois sous, il y a conséquemment économie dans les rapports d'un à dix. M. *Monbro* peut donc n'employer par an que pour 47 francs de combustible au lieu de 480 francs, ce qui présente 433 francs de bénéfice. Sa marmite en cuivre, son fourneau environné d'un très-bon massif de briques, ses casseroles, son seau, ses tuyaux et tous les accessoires ne lui coûtent pas cent francs, et cela peut durer vingt ans. On conviendra que c'est placer son argent à de gros intérêts.

# DU FOURNEAU-POTAGER.

Dans le choix des divers fourneaux économiques déjà connus, M. *Cadet-de-Vaux* crut devoir préférer celui de M. *Bouriat*; il en avait donné une description, et une gravure dans le *Journal d'Economie rurale et domestique* (1). M. *Bouriat* l'employait à son usage particulier, et il se réduisait à une marmite de terre ordinaire posée sur son fourneau solidement établi dans la paillasse de l'âtre de cuisine.

Mais il fallait que ce fourneau pût être portatif, que la marmite en recouvrît le bord pour empêcher l'émission du calorique, que le couvercle, au lieu d'être plat, fût très-élevé et pût contenir dans sa vaste capacité

______

(1) Ouvrage périodique, commencé en Germinal de l'an XI, et publié par cahier de six feuilles in-8°, le 1er de chaque mois. — Prix de l'abonnement, 24 fr. pour un an ; 12 fr. pour six mois; et 7 fr. pour trois mois.—On s'abonne, à Paris, chez *D. Colas*, impr.-libr., rue du Vieux-Colombier, N° 26, près la Croix-Rouge, faubourg St.-Germain.

toute espèce de légumes qu'on voudrait cuire à la vapeur ; qu'au lieu d'un bouchon en terre pour fermer la porte du foyer, ce fût une cafetière qui, en faisant l'office de porte, procurât une pinte d'eau chaude par heure.

Qu'enfin on pût substituer à ce couvercle de terre, un semblable couvercle en fer-blanc, dont la capacité supérieure contint une assez grande quantité d'eau pour procurer à la mère de famille toute celle qu'elle peut désirer pour tous les usages de la maison.

C'est ainsi que M. *Cadet-de-Vaux* avait conçu et a fait exécuter ce fourneau dont la construction la plus simple possible répond à tous les besoins de la famille, tout en ne consommant que deux à trois sous de combustible par jour, si c'est le bois qu'on emploie.

Mais les premiers fourneaux que j'ai reçus en dépôt étaient d'une mauvaise composition de terre ; ils étaient mal cuits, certaines parties n'avaient pas assez de solidité ; c'étaient là des inconvéniens auxquels il fallait remédier, et je m'en chargeai, ainsi que des perfectionnemens dont l'appareil était susceptible.

Je m'occupai donc de leur donner plus de solidité, d'y faire placer des anses pour les rendre d'un transport facile.

Je les ai rendus propres à servir d'étouffoirs, en y ajoutant deux pièces ; savoir : un bouchon et un tampon de terre cuite.

Voici le fourneau dans son état actuel.

Sa hauteur et son diamètre sont de 12 à 15 pouces.

Un grand bouchon est destiné à boucher la porte du foyer.

Une petite grille se pose dans le foyer, immédiatement au-dessus du cendrier. Les trous de cette grille sont coniques ; on placera les charbons sur le côté où les trous sont plus petits, afin que la cendre puisse tomber facilement dans le cendrier.

Une seconde grille se pose au-dessus du foyer.

Un tampon ou large plaque ronde remplace au besoin la seconde grille et recouvre ainsi le foyer.

Deux petits bouchons, dont l'un plein et l'autre percé de deux trous, sont destinés à boucher la petite porte du cendrier.

Voici la manière de se servir du fourneau et de ses accessoires, qui peut être différente, suivant qu'on emploiera le bois ou le charbon.

Dans le premier cas, on pourra se passer des accessoires décrits ci-dessus, excepté de la petite grille. On introduira le bois par la porte du foyer, et l'on mettra la marmite sur le fourneau. Le bois pourra être un peu plus long que le foyer. Il en résultera que l'extrémité ressortante par la porte la fermera en partie, et empêchera une trop grande quantité d'air d'entrer dans le fourneau, et d'enlever ainsi beaucoup de calorique.

Si l'on brûle du charbon, on placera la petite grille au-dessus du cendrier ; on remplira le foyer de charbon ; on fermera sa porte avec le grand bouchon. Quand le pot-au-feu aura été écumé, on bouchera la petite porte du cendrier avec le petit bouchon percé de deux trous ; il entrera assez d'air par ces deux petits trous pour alimenter doucement la combustion, que l'on pourrait rendre encore moins active en fermant l'un de ces petits trous avec un bouchon de liége, de bois ou de terre.

Il est presque toujours plus économique de se servir de bois que de charbon. Le bois coûte à Paris, terme moyen, deux liards la livre ; le charbon de bois deux sous six deniers ; il est vrai que le charbon donne à peu près moitié plus de chaleur que le bois, à poids égaux, ce qui est prouvé par les expériences les plus exactes. Par conséquent le bois coûtant deux liards, le charbon ne devrait coûter qu'un sou ; il y a donc plus de moitié d'économie à se servir de bois au lieu de charbon. Cependant celui-ci a ses avantages. Il est plus facile d'en diriger la combustion, de le faire brûler en petite masse, et sur-tout lentement, en ne lui fournissant que peu d'air, objet assez essentiel lorsqu'on veut faire de très-bonne soupe.

Cependant il est possible de réunir en partie les deux avantages : on commencera par des brindilles ou du petit bois de fagot qui donnent flamme, qui feront écumer promptement, et qui échaufferont abondamment le fourneau. Il suffira ensuite de très - peu de charbon pour finir le pot-au-feu, parce que le bois qu'on a mis en a laissé dans le fourneau une certaine quantité, et parce qu'enfin ce fourneau, qui est un massif de terre, une fois échauffé, doit conserver long-tems sa chaleur et la rendre peu à peu au pot-au-feu. On pourrait également se servir de tourbe, ou de charbon de terre ; la seule précaution à employer alors dans la construction de ces fourneaux, serait de rendre le cendrier plus large et plus élevé (2) ; car ces deux derniers combustibles, étant alliés de beaucoup de terre, le rempliraient bientôt ; alors l'air destiné à alimenter la combustion qui doit arriver par le cendrier, le trouvant encombré et rempli, ne pourrait y passer. Je conseille donc de nettoyer le cendrier, tous les deux jours, lors même qu'on brûle du bois ou du charbon ; à cet effet on enlèvera la petite grille, on passera la main dans le fourneau, et on poussera la cendre par la petite porte.

La grande grille qui se place au-dessus du foyer, ne se place pas dans le fourneau quand on fait le pot-au-feu, ce n'est que lorsqu'on veut poser sur notre fourneau une grande casserole, une bassine pour confitures, ou

---

(2) J'en fais faire maintenant qui sont ainsi disposés, et j'ai l'expérience que la tourbe carbonisée réussit très-bien.

autres usages, une poêle à frire, alors on place le charbon sur cette grande grille, il se trouvera plus rapproché du fond des objets qu'on place sur le fourneau. Cette grande grille peut encore servir pour réchauffer quelque chose dans une petite casserole, ou pour faire une sauce-blanche; elle sert à poser les différens vases qu'on veut entretenir chauds. C'est sur la petite grille du dessous qu'alors on met le charbon.

Le tampon, ou grande plaque ronde, se place au-dessus du foyer, et sert pour éteindre le restant du charbon, lorsque le dîner est fini; mais il faut fermer les deux portes et celle du cendrier, avec le petit bouchon qui n'est pas troué. C'est ainsi que vous changez votre fourneau en étouffoir, c'est-à-dire que le combustible, se trouvant privé d'air, s'y éteint instantanément. Il résulte de ce mécanisme plusieurs avantages.

La soupe est délicieuse, c'est sur-tout cet avantage qui fait rechercher ce fourneau des gens riches. M. *Vercher-d'Arcelot*, ancien membre du parlement de Dijon, qui s'était approvisionné de trois potagers, tant pour sa maison de ville que pour ses habitations de campagne, écrivait il y a peu de tems, à l'un de ses parens, à Paris, qu'il y avait une telle différence entre la soupe faite à la manière ordinaire, et celle faite dans notre fourneau, qu'il lui serait difficile de se passer maintenant de cet appareil. Cela doit être, car l'expérience journalière apprend que la soupe est d'autant meilleure qu'elle bout toujours à petit bouillon et uniformément.

On sait, depuis les dernières expériences de *Thénard*, que dans la cuisson de la viande dans l'eau, il se développe deux nouveaux principes, dont l'un donne la saveur, et l'autre l'odeur aromatique particulière qu'on reconnaît au bouillon bien fait. Il est certain qu'il faut une certaine chaleur pour les développer; mais lorsqu'elle est trop forte et long-tems prolongée, elle les détruit ou les volatilise.

Il arrive la même chose pour la gélatine qui est le principe nutritif du bouillon (3).

La bonne ménagère, pour qui la surveillance de son pot-au-feu est une grande affaire, ne le quitte pas d'un instant, aussi mange-t-elle de meilleure soupe que le riche, chez lequel on emploie quatre fois plus de viande pour une égale quantité de bouillon; ce qui fait dire à M. *Chaptal*, qu'ici la forme vaut mieux que le fonds. Il serait impossible d'attendre les mêmes soins et la même surveillance, de domestiques d'ailleurs occupés au ménage, à des commissions; pendant ce

(3) La Société de Pharmacie vient de proposer pour prix la solution de cette question : *Pourquoi la gélatine est-elle détruite par une trop longue et trop forte ébullition, et quels sont les phénomènes qui accompagnent cette décomposition ?*

tems, le pot ne chauffe pas assez ; ou bien il bout à gros bouillon. Je ne suis donc point étonné de l'empressement que tant de personnes riches ont mis à se procurer ce fourneau-potager, qui, pour donner une chaleur toujours égale, et par conséquent une excellente soupe, n'exige d'autres soins que de fermer la porte du cendrier avec le bouchon percé. Les domestiques ne se dispenseront pas de ce léger soin, lorsqu'ils auront une fois acquis l'expérience que les deux portes étant bien fermées (celle du foyer avec son bouchon ou sa cafetière-porte), et le foyer rempli de charbon, ils peuvent s'absenter pendant deux ou trois heures, sans craindre que leur pot cesse de bouillir, ou que leur ragoût brûle ; nous verrons plus bas ce que c'est que ce ragoût.

J'ai dit qu'il résultait plusieurs avantages du mécanisme ingénieux de ce fourneau ; c'en est certainement un bien grand, qu'une économie considérable de combustible dans la préparation des alimens, et cette économie vient de ce que pouvant régulariser le courant d'air destiné à alimenter la combustion, on n'en laisse entrer dans le fourneau que la quantité suffisante pour faire brûler lentement le charbon. Dans le cas contraire, c'est-à-dire avec les mauvais fourneaux de cuisine, il entre trop d'air, ce qui rend d'une part la combustion trop active, et de l'autre, tend toujours à refroidir le fourneau, et les vases qui sont dessus.

Cette économie de combustible, vient de ce que notre fourneau faisant un massif de terre et environnant sa marmite dans sa circonférence, la chaleur se trouve concentrée ; cette terre absorbe à la vérité une certaine quantité de calorique dans le commencement ; mais elle le rend peu à peu au pot-au-feu. Le calorique, rayonnant, ne peut point s'échapper du foyer.

Cette économie vient sur-tout des cheminées tournantes, ou sinuosités qui se trouvent dans l'intérieur de notre fourneau. Ce serait ici le lieu d'appuyer sur leurs avantages, si le comte de *Rumfort*, si M. *Chaptal*, et plusieurs autres physiciens célèbres, n'avaient pas prouvé, par leurs expériences, combien elles apportaient d'économie dans le combustible. Le premier nous a appris que la flamme n'échauffait que comme un vent chaud et par son contact immédiat ; il faut donc l'arrêter dans sa marche ascensionnelle, et lui faire parcourir le plus de chemin possible, dans un espace donné pour multiplier les points de contact : ce qui distingue notre fourneau, c'est-à-dire le fourneau *Bouriat*, c'est que ses sinuosités et ses cheminées tournantes, sont disposées d'une manière neuve, et d'une plus facile exécution que celles employées jusqu'alors. L'avantage de pareils fourneaux, est tel qu'il est prouvé par les expériences du comte de *Rumfort*, que lorsqu'on fait chauffer des li-quides, à feu découvert, et lorsqu'on les environne d'un fourneau bien fait, la différence en combustible est comme 20 est à 1, toutes choses égales d'ailleurs ; il est vrai qu'il opérait sur de grandes masses (4).

« Que dans cette saison-ci, en été, dit » M. *Cadet-de-Vaux*, on se transporte dans » une cuisine bourgeoise, on voit dès le matin » un foyer garni d'une bûche de derrière, de » deux gros tisons bout à bout, d'une bûche » en travers, le tout aidé de paremens de fa-» gots pour mettre le pot-au-feu en train ; » avant qu'il écume, il s'écoule une grande » heure près d'un grand feu ; car il n'y a que » lui au foyer, et il aura, à lui seul, consommé » pour quinze sous de bois.

» Si c'est dans une chambre étroite, ce feu » de cheminée flambant devient insupportable » par un tems chaud, au moins notre pota-» ger peut se porter à l'écart.

» Quant à la cuisine du riche, c'est un » incendie pour un pot-au-feu, prodigalité de » combustible qui n'aboutit à n'avoir souvent, » avec beaucoup de viande, que de mau-» vais bouillon qu'il faut masquer avec du

_________________

(4) Notre Fourneau pourra servir de type ou de modèle pour en construire sur place de très-grands, pour les grandes chaudières, en le modifiant d'ailleurs d'après la forme des chaudières qu'on possède.

» jus ou du coulis, parce que tel est le résultat
» d'un pot mal mené, tandis que le bouillon
» ne peut être que très-bon dans notre po-
» tager. »

Qu'on compare maintenant les 3 à 4 livres
de bois (à 6 deniers la livre) qui suffisent pour
faire le pot-au-feu dans notre potager, avec
le tableau si vrai de la prodigalité du bois
employé pour le même objet, même dans la
petite cuisine bourgeoise, et l'on sentira tout
l'avantage de cet appareil.

J'ai supprimé l'embase, comme ne pouvant
se concilier avec la solidité du fourneau qui est
aujourd'hui telle qu'il durera plusieurs années,
il en durerait vingt, si on l'environnait d'un
petit massif de briques, de manière à ne pas
gêner le service des deux portes et des deux
bouchons. Ces fourneaux, dans l'origine, si
peu solides, sont actuellement composés d'une
argile liée avec le ciment et le mâchefer,
et ils ne diffèrent point de nos bons fourneaux de chimie qu'il n'est pas rare de voir
durer quinze à vingt ans quoiqu'exposés à un
feu beaucoup plus vif que les nôtres, cependant, pour prévenir toute objection, contre
leur solidité, j'en ai logé dans des bâtis en
bois, semblables à ceux qui environnent les
fourneaux à ragoûts dans les cuisines ; cette
addition ne les renchérit que de 9 fr.

## *La Marmite.*

CETTE marmite est d'une forme, ingénieuse et particulière : un petit rebord placé vers le milieu s'applique sur la surface supérieure du fourneau, et force la fumée à ressortir exclusivement par la base ou trou rond pratiqué sur le côté ; il en résulte que la soupe n'a jamais le goût de fumée, quel que soit le combustible qu'on emploie. La partie inférieure de la marmite, qui est une espèce de cône tronqué, embrasse bien les parois saillantes des petites sinuosités tournantes qui se trouvent dans l'intérieur du fourneau et obligent ainsi la flamme et la fumée à y passer, et à suivre les divers contours de ces canaux. J'ai détaillé et décrit plus haut les avantages qui en résultaient.

Nos marmites sont disposées de telle sorte sur le fourneau, qu'on peut à volonté faire dans la même ou un petit ou un grand pot-au-feu, ce qui ne peut pas avoir lieu en le faisant à la manière ordinaire. On est alors obligé de remplir la marmite, sans quoi le bouillon aurait un mauvais goût, ce qu'on n'a pas à craindre avec notre fourneau (5), la marmite

____

(5) Comme on est obligé de remplir sa marmite lorsqu'on la place devant le feu de la cheminée, on est forcé de la tenir souvent long-tems découverte, parce qu'elle bout trop et se répand dans les cendres ; il arrive alors qu'il tombe quelquefois de la suie dans la soupe ; on la trouve ce jour-là très-mauvaise sans en connaître la cause. On n'a point à craindre ces désagrémens-là avec notre Fourneau, dont la marmite est toujours parfaitement bien couverte.

n'étant environnée du feu que jusqu'aux deux tiers ou moitié de sa hauteur. J'observe cependant que si on voulait ne se servir de cette marmite que pour le pot-au-feu seul, il serait plus économique de la faire entiérement plonger dans le fourneau auquel on donnerait par conséquent plus de hauteur.

On peut adapter un tuyau de tôle pour conduire et reverser au-dehors la fumée si on brûle du bois, ainsi que la vapeur du charbon.

On pourrait faire faire ces marmites en fonte ou en cuivre étamé, ce qui aurait bien aussi ses avantages (6). Nous avons préféré la terre parce qu'on croit que la soupe y est meilleure ; mais ce qui nous a sur-tout décidé, c'est qu'elles coûtent moins cher ; elles dureront d'ailleurs plus long-tems que les marmites ordinaires placées devant le feu, parce qu'elles sont plus également et plus modérément chauffées, et ne sont pas, comme celles-ci, exposées d'un côté au vent froid pendant qu'elles sont brûlées de l'autre. Cependant il est prudent de s'approvisionner de plusieurs marmites, parce qu'elles sont mieux rajustées sur le fourneau même.

Le prix de chaque marmite, avec son couvercle,

---

(6) J'en fais faire en cuivre étamé pour les personnes qui les commandent ; elles coûtent de 15 à 24 fr., suivant les grandeurs.

Première grandeur , . . . . . 4 fr. » c.
Seconde grandeur , . . . . . 3 50
Troisième grandeur , . . . . . 3 »

Ces marmites sont plus grandes qu'elles ne le paraissent, aussi les premières fois qu'on s'en servira, on commencera par mettre son eau et sa viande dans son ancienne marmite pour les reverser dans nos marmites. Plusieurs personnes n'ayant pas eu cette attention ont mis trop d'eau les premières fois. J'observe qu'on doit même mettre moins d'eau dans nos marmites, parce que le pot-au-feu ne faisant que mijoter, et la marmite étant bien couverte, il y a ici beaucoup moins d'évaporation. (1) Ce couvercle de la marmite est lui-même une petite marmite ou huguenote. Sa forme est celle d'un cône tronqué. On peut le placer de deux manières sur le pot-au-feu , ou bien il posera par sa base sur la marmite , et alors on pourra placer sur sa troncature ou sa pointe applatie , des vases qui tiendront les mets chauds ; c'est toujours ainsi qu'on doit le placer lorsqu'on fait cuire quelque chose à la vapeur dans les casseroles qui entrent dans la marmite.

Si on le place d'une manière renversée , la pointe du cône entrera dans la marmite , alors on pourra faire chauffer de l'eau dans ce couvercle qui sera échauffée par la vapeur du pot-

_______

(1) C'est une des causes puissantes de la bonté de la soupe.

au-feu. On pourra ainsi y faire réchauffer des alimens.

Quand le pot-au feu est fini et enlevé, on pourra placer sur le fourneau le couvercle-marmite pour profiter du restant de la chaleur et chauffer l'eau de la vaisselle.

Ce couvercle pourra servir pour contenir et garder le restant du bouillon, ou comme d'une huguenote ordinaire pour les usages de la cuisine.

Il pourra enfin tenir lieu de soupière dans les petits ménages, car c'est principalement la classe peu fortunée que notre philantrope a eu l'intention de servir.

Avant d'employer, pour la première fois, ces marmites et ces couvercles, on les fera bouillir avec un peu de cendres.

Occupons-nous maintenant de l'appareil destiné à préparer la cuisine bourgeoise, il est composé:

1°. D'une casserole percée dans sa partie supérieure; c'est le diaphragme de la marmite américaine dont le fond n'est point à jour.

2°. D'une casserole et de son couvercle;

3°. Du seau bain-marie;

4°. De la cafetière-porte.

# La Casserole percée.

CETTE casserole est destinée à faire cuire les légumes ; mais seulement ceux qui ont assez d'eau de végétation pour cuire par l'action seule de la vapeur.

J'y ai fait cuire ainsi, en moins d'une heure, des asperges, des pommes-de-terre, des artichauts, des petits pois, des haricots verts, des fèves de marais nouvelles, des haricots blancs nouveaux, en ajoutant un peu de beurre avec ces quatre derniers légumes. L'expérience a prouvé que les légumes cuits à la vapeur sont plus savoureux que cuits à grande eau. C'est sur-tout à Paris où l'on apprécie mieux cette différence, parce qu'en général les légumes y manquent de saveur étant trop arrosés.

On conçoit d'ailleurs ce que tout légume cuit à la vapeur d'un excellent pot-au-feu, qui lui-même est déjà parfumé de légumes, doit gagner en saveur et en arôme.

On peut faire cuire plusieurs espèces de légumes à la fois dans ce diaphragme, et tous conserveront leur saveur particulière.

Ce diaphragme, ou casserole percée, servira pour faire crever du riz, en l'arrosant de tems en tems d'eau ou de bouillon en quantité suffisante ; car il en absorbe beaucoup et renfle considérablement.

Cette casserole sera très-utile pour faire le bouillon d'os, dont elle contient la masse pilée.

## *La Casserole avec son couvercle.*

Celle-ci, qui n'est pas percée, sert à faire cuire les légumes qui exigent pour leur cuisson de tremper dans l'eau; tels sont les choux, épinards, etc.; mais sur-tout les légumes secs, tels que haricots, lentilles; ces derniers légumes y cuisent en trois heures ou trois heures et demie au plus (1); on abrégera le tems de leur cuisson si on les met à tremper dès la veille à l'eau froide. Très-souvent un légume sec est très-dur et d'une cuisson difficile; rien n'est plus propre à la hâter que le moyen indiqué dès long-tems par M. *Cadet-de Vaux* dans sa Traduction des Instituts de chimie de *Spielmann;* c'est l'addition d'un petit sachet de cendres, ou du sel même de cendres dans l'eau : le légume, qui exigeait quatre à cinq heures de cuisson, cuit en moins d'une heure. Si c'est le sel de cendres, la *potasse,* qu'on emploie, une petite pincée suffit pour deux ou trois litres de légumes secs.

-----

(1) Au surplus, le tems nécessaire pour la cuisson des différens mets qu'on fait cuire à la vapeur est plus ou moins long, suivant qu'on fait plus ou moins de feu dans le fourneau, et suivant la manière dont on dirige la fermeture des portes.

On ne recouvrira pas la casserole de son couvercle, lorsqu'on y fera cuire des légumes.

Le vermicelle s'y cuit aussi en très-peu de tems.

Lorsqu'on voudra faire cuire des viandes dans cette casserole, on la fermera de son couvercle, afin que la vapeur du pot-au-feu, en se condensant, ne retombe pas dans la sauce, ce qui la rendrait trop aqueuse.

On ne met pas d'eau avec ces viandes; mais seulement un peu de beurre, ou un peu de lard.

Si on veut leur donner de la couleur, et sur-tout au veau qui est naturellement blanc, on le fera revenir dans le beurre roussi; cela contribue aussi à leur donner plus de saveur et de salubrité en les oxigénant; à cet effet, on placera la casserole à feu nud dans le fourneau avant d'y mettre la marmite, et on achèvera ensuite de les faire cuire à la vapeur du pot-au-feu.

On aromatisera ces viandes avec thim, laurier, quatre-épices, etc.

On pourra y mettre des légumes tels qu'oignons, carottes, etc.

J'ai fait cuire ainsi du veau, du bœuf piqué au lard, du mouton, des pigeons, des poulets, des cotelettes de porc frais, des canards, et ces mets ont tous été de bon goût.

Il faut trois à quatre heures pour cuire les viandes de cette manière; outre l'économie du combustible, puisque c'est la seule vapeur du pot-au-feu qui les cuit, on ne craint pas que le ragoût brûle ; on peut avec sécurité le quitter pendant plusieurs heures, ce qui devient très-commode pour beaucoup de personnes, et sur-tout pour celles qui ont peu de domestiques.

Ces casseroles sont portées par 3 oreillons qui posent sur le rebord de la marmite de manière à ne pas plonger dans le bouillon, à moins qu'on ne veuille que le bouillon fasse bain-marie. La casserole placée, on recouvre la marmite avec le couvercle de terre vernisée ou le seau bain-marie, qui en fait en même tems l'office.

On peut placer les deux casseroles l'une sur l'autre, et faire cuire tout à la fois dans chacune un mets différent. C'est M. *Vandendriesche*, membre de la Société d'encouragement, qui en a fait le premier l'expérience que j'ai répétée, et qui m'a bien réussi. A cet effet, il faut adopter quelques légères modifications à l'appareil ; il faut une casserole qui n'ayant point d'oreillons puisse se loger dans la plus grande capacité du seau formant couvercle ; il faut encore que la casserole inférieure soit fermée avec un couvercle plat et sans anneau, afin d'offrir une base solide à la casserole supérieure (2). Je me

_______________

(2) Cette troisième casserole avec ce couvercle, renchériront le prix de l'appareil de 5 fr.

suis assuré vingt fois par l'expérience, qu'on peut faire cuire alternativement deux mets différens pendant les six à sept heures que le pot est sur le feu.

La casserole, avec son couvercle, peut remplir nombre d'autres objets, servir successivement à réchauffer les alimens de la matinée, et à y préparer, le vase bien clos, les mets les plus étrangers à la viande, dont la vapeur interceptée par le couvercle n'est plus que du calorique très-actif, ainsi on peut conséquemment faire des œufs au lait, des crêmes, des compotes.

Ces casseroles sont en fer-blanc, l'aisance pourra se les procurer en cuivre étamé des deux côtés avec l'étain fin, ou bien les faire faire en argent.

## La Cafetière-Porte.

La cafetière-porte remplace le bouchon de la porte du foyer qu'elle sert dès-lors à fermer : je l'ai perfectionnée ; parce qu'il était difficile de la nettoyer.

Cette cafetière recevant la chaleur rayonnante, servira pour faire chauffer de l'eau, du lait, un bouillon, une tisanne, les alimens légers de l'enfance, faire cuire des œufs, faire le thé, le café ; elle est sur-tout très-commode en été, parce qu'on est dispensé d'allumer un second feu pour ces usages;

en hiver, elle peut être utile encore, quoiqu'on puisse profiter du feu de la cheminée; on évitera l'inconvénient de la fumée que sentent souvent les liquides chauffés près d'un foyer mal allumé.

La forme de marche-pied donnée à cette cafetière, permet de n'en employer que moitié, c'est-à-dire, la partie embrassée par la baye de la porte, en sorte qu'on n'a point à craindre le goût de rouis dans le cas où l'on aurait un moindre volume à chauffer : le bec, le couvercle, le manche, sont dans la partie saillante de la cafetière.

## *Le Couvercle bain-marie.*

Ce seau, que j'ai perfectionné, sert à couvrir la marmite en remplacement du couvercle de terre, quand on désire se procurer une grande quantité d'eau chaude; ce seau en contient six litres, ou douze livres, qui s'échauffent en une demi-heure, de 70 à 75 degrés du thermomètre de *Réaumur.* Cette quantité d'eau chaude, qu'on obtient ainsi très-gratuitement, puisque c'est la vapeur du pot-au-feu qui la procure, devient très-précieuse dans un petit ménage, pour laver la vaisselle; mais sur-tout pour un bain de siége, un bain de pied, pour baigner un enfant; car l'eau étant chaude à ce degré, on la mêlera avec deux tiers d'eau froide, ce qui met la bain à sa température. Une demi-heure procurera six nouvelles pintes d'eau pour réchauffer le bain. On peut faire cuire, dans le seau, des œufs, ou différens légumes ; j'y ai fait cuire des asperges, des pommes-de-terre, elles y ont exigé, pour leur cuisson, tout le temps que le pot a été sur le feu. Ce seau a son couvercle qui peut aussi couvrir la marmite à volonté.

M. *Pictet*, de Genève, l'un des rédacteurs de la *Bibliothèque Britannique*, a adapté à ce seau un robinet pour en retirer l'eau chaude plus commodément.

Le général *Sokoniski* lui a donné la forme d'un chapiteau d'alambic, et se sert avantageusement de notre fourneau et de sa marmite pour distiller. Je sais d'ailleurs qu'ainsi disposé, il a servi cet été à M^me *Viart Delor*, près d'Etampes, qui craignait les effets du cuivre, pour distiller son vin de cerise, ou kirschwasser.

Je ferai disposer ainsi l'appareil pour les personnes qui le désireront.

## LE CONSERVE-CHALEUR.

CE conserve est un petit fourneau de mon invention, dont la porte du cendrier sert à recevoir la buse, ou petit bout de tuyau qui conduit la fumée du grand fourneau potager. On fait servir ainsi, pour différens besoins, une grande partie du calorique qui sort du grand fourneau avec la fumée, et qui serait perdu sans ce second appareil; on met donc une casserole ou un plat sur ce petit fourneau, où l'on peut faire chauffer toute espèce de liquides, et tenir les mets chauds: ce petit fourneau se place sur un petit massif de maçonnerie qu'on élèvera derrière le grand fourneau, de manière à être assez exhaussé pour que la buse du grand fourneau potager puisse entrer dans la porte du cendrier du petit fourneau, ou conserve chaleur. Celui-ci n'est que posé sur ce massif de maçonnerie, et peut s'enlever à volonté; alors il pourra servir de fourneau pour le déjeuner. En y mettant la grille qui est mobile, on y brûlerait de la braise ou du charbon. On ne placerait pas la grille, si on voulait y brûler des petits chicots de bois ou du vieux papier. Avec une once de papier, on fait chauffer quatre tasses de café, ce qui fait moins d'un liard, puisqu'il ne vaut à Paris que 3 sous la livre. Je reviendrai sur cet objet à l'article fourneau-déjeûner.

Ces conserves-chaleur, ou petits fourneaux coûtent 1 fr. 5o c.

Résumons les principaux avantages du fourneau-potager et de ses accessoires.

Le premier de tous est de fournir une soupe délicieuse qui n'exige d'autres soins et d'autre surveillance que de remettre une ou deux fois du charbon dans le foyer, pendant les six ou sept heures que le pot est sur le feu, et de tenir toujours fermée la porte du foyer, et celle du cendrier quand le pot-au-feu a été écumé.

On économise une très-grande quantité de combustible, et je ne crois pas même qu'il soit possible de pousser plus loin cette économie, la marmite se trouvant environnée de calorique dans une très-grande partie de sa circonférence ; on profite de la vapeur du pot-au-feu, soit pour faire cuire différens mets, soit pour faire chauffer des liquides : quant à la chaleur radiante du foyer, elle chauffe des liquides dans la cafetière-porte ; enfin le peu de calorique qui pourrait s'échapper du grand fourneau, est repris par le petit, ou conserve-chaleur sur lequel on fait aussi chauffer des liquides ou des alimens.

Leur prix est tellement modéré, qu'ils sont à la portée du plus grand nombre.

## LE FOURNEAU.

GRANDE dimension (1) avec ses deux marmites contenant chacune seize pintes, et les deux couvercles, coûtent 16 fr.

Celui de la plus petite dimension (2), avec ses deux marmites et couvercles, 13 fr.

(1) Pouvant servir à volonté pour un pot-au-feu de trois livres de viande ou de huit.

(2) Pour un pot-au-feu de cinq livres ou d'une livre.

Moyenne dimension (3), avec ses deux marmites et couvercles, 14 fr. 50 c.

Le petit conserve-chaleur, 1 fr. 5o c.

L'appareil complet en fer-blanc, composé du seau bain-marie avec son couvercle, de la cafetière-porte et des deux casseroles, dont l'une avec couvercle, pour les grands et moyens fourneaux, 20 fr.

Pour les petits, 18 fr.

La machine à rôtir, 5 francs ; le gril-braisier, de 7 à 12 fr. (4), suivant la grandeur et le système. L'emballage de ces objets, coûte 8 à 10 fr., suivant qu'on prend le petit ou le grand fourneau.

## LA RÔTISSOIRE.

C'est une petite niche en voûte applatie, de terre cuite, dans laquelle on met du charbon sur un gril, et on présente la cuisinière de fer-blanc à ce foyer. Cette rôtissoire peut se placer partout. Je m'amuse souvent à faire mon rôti sur mon balcon. Voici cependant la meilleure manière de poser cette rôtissoire ; on fait un trou dans le mur de sa cuisine et de préférence dans la cheminée, à une certaine hauteur, suivant les lieux et la commodité du service. On loge dans ce trou cette niche et on accroche la cuisinière de fer-blanc tout contre,

---

(3) Pour deux à six livres de viande.
(4) Je vais parler plus bas de ces deux objets.

soit par un ou deux crochets fixés dans le mur à la partie supérieure, ou bien on fait sceller dans le mur des gonds, sur lesquels roulent des barres de fer qui soutiennent la cuisinière de fer-blanc, qui s'ouvre alors comme on ouvrirait une porte. C'est ainsi qu'on les place assez généralement à Paris où elles deviennent très-communes. De tems en tems on retournera la viande dans la cuisinière de fer-blanc ou on y adaptera un petit tourne-broche à ressorts.

M. *L'abbei*, membre de la société d'Agriculture du département de Seine et Oise, m'a dit avoir apporté de Russie cette méthode si ingénieuse. Elle parait être connue depuis long-tems dans le nord de la France. Comment un moyen aussi simple, aussi économique n'a-t-il pas opéré la suppression de ces énormes tourne-broches, si coûteux, si embarrassans et dont le volume et le poids que l'on met en mouvement, ne sont pas sans dangers.

J'ai apporté à cette rôtissoire quelques perfectionnemens; j'avais observé que le milieu de la viande cuisait beaucoup plutôt que les deux extrémités, ce qui devait être; car la forme sphériquement concave de cette rôtissoire faisait que tous les rayons de chaleur étaient réfléchis vers un point central. En donnant une certaine convexité à la partie du fond j'oblige les rayons de chaleur à se reporter vers les deux extrémités. Les rayons calorifiques suivent la même marche que ceux de la lumière, et l'on sait que l'angle de réflexion est égal à l'angle d'incidence.

De toutes les manières de rôtir la viande, c'est la meilleure ; elle a sur toutes celles connues jusqu'à ce jour, les avantages suivans. Comme la viande cuit ici avec le contact de l'air, elle s'oxigène convenablement ; les vapeurs de la viande se dégagent sans aucun obstacle. Aussi les viandes sont-elles beaucoup mieux rôties, beaucoup meilleures et plus saines que toutes celles qu'on renferme dans des poèles ou dans des fours, je n'en excepte même pas celui de M. *de Rumfort*, malgré ses deux tuyaux à courant d'air. A l'Ecole polytechnique il en a été établi un à grands frais ( il a peut-être coûté mille écus ), et les viandes n'y ont pas le goût de rôti, c'est de la viande braisée et rien autre.

Si on compare maintenant notre méthode à celle qui est généralement en usage, je veux dire, celle de mettre sa broche devant un grand feu de cheminée, on verra que les effets sont les mêmes ; mais que nos moyens sont infiniment préférables sous le rapport de l'économie. On en jugera par les expériences suivantes que m'a communiquées M. *Darcet*, essayeur à la Monnaye, qui a hérité des talens chimiques de son père, et de son grand-père, le fameux *Rouelle*.

*Première expérience.* — On a mis à rôtir à 3 heures un quart, un poulet pesant 845 grammes ( une livre 12 onces environ ), il était cuit à 4 heures 10 minutes, c'est-à-dire, en 55 minutes ; on a dépensé 765 grammes de charbon ( une livre 9 onces environ ).

*Deuxième expérience.* — Un gigot, pesant 3 livres 14 onces, a été bien cuit avec une livre 6 onces de charbon, plus un peu de braise pour allumer le tout.

*Troisième expérience.* — On a employé 700 grammes de charbon (une livre 7 onces environ), pour faire rôtir un poulet du poids d'un kilogramme 705 grammes ( 3 livres et demie ) ; il a été bien cuit en trois-quarts d'heure.

*Quatrième expérience.* — On a employé 550 grammes de charbon ( une livre 2 onces ), pour rôtir trois perdrix qui pesaient 952 gram. ( une livre 15 onces ).

*Cinquième expérience.* — Il a fallu 901 grammes de charbon ( une livre 13 onces pour rôtir un gigot du poids de 2 kilogrammes 625 grammes ( 5 livres 6 onces ).

*Sixième expérience.* — Pour rôtir quatre livres de veau, on a employé une livre 9 onces de charbon.

Il en coûte, comme le dit M. *Cadet-de-Vaux*, de 10 à 12 sous de bois pour rôtir un poulet. Dans les cuisines bourgeoises, dans les grandes maisons, cette dépense est incalculable.

J'ai modifié ces rôtissoires, de manière à pouvoir y brûler du bois; avec 4 livres, en poids, du prix de 2 sous, on peut faire rôtir un morceau de viande de 5 livres. Mais ces rôtissoires exigent plus de surveillance que celles où l'on brûle du charbon.

Cet appareil est sur-tout très-commode en été, parce qu'il chauffe peu les appartemens.

Il coûte 5 francs.

## GRILS POUR LES COTELETTES,

### Dits, *Grils braisiers.*

Il y en avait d'abord de deux manières: l'un rond qui faisait partie du fourneau potager. Il se plaçait dans le fourneau lorsque le pot-au-feu était retiré; mais la graisse retombait entièrement dans le fourneau, ce qui faisait un mauvais effet. Je l'ai supprimé. Parlons du gril carré. C'est une espèce de boîte en tôle, percée dans son fond de petits trous de distance en distance.

Les côtelettes sont posées sur un petit grillage de fil de fer.

Le fond de ce gril posé sur un plan un peu incliné, est disposé en petites gouttières qui conduisent la graisse dans un réservoir où l'on peut la recueillir presqu'en entier, parce qu'il y a dans le fond de ce gril dix fois plus de parties pleines que de parties vides. Il n'y a donc qu'un dixième de la graisse qui peut retomber sur les charbons. Combien sont diminués les inconvéniens du grillage ordinaire avec lequel la graisse retombe sur les charbons, ce qui donne à la viande le goût de fumée et répand pour long-tems dans les appartemens l'odeur la plus nauséabonde et la plus désagréable.

J'ai supprimé le couvercle de notre gril, convaincu par l'expérience qu'il remplissait mal son objet. Maintenant la viande est plus en contact avec l'air atmosphérique, et ses vapeurs se dégagent encore mieux.

Ce gril où l'on peut placer jusqu'à 6 et 7 côtelettes à la fois, coûte 7 francs.

Ce gril est très-commode pour griller toute espèce de viandes, sur-tout le poisson.

Mais, comme je l'ai dit, il tombe encore un dixième de la graisse sur les charbons; d'ailleurs la graisse qui retombe sur ces gouttières de tôle n'est guère mangeable. J'en ai donc imaginé un autre qui possède tous les avantages de ce gril et de tous les grils connus, et n'en a pas les inconvéniens. Ici comme dans nos rôtissoires dont notre appareil diffère peu, et qu'il peut même suppléer au besoin, le charbon est placé dans une direction verticale; les côtelettes sont accrochées à une espèce de garde-feu de fer-blanc ou de tôle qu'on approche aussi près du feu que l'on veut; une petite lèchefrite de fer-blanc sert à recevoir toute la graisse et il n'en tombe pas un atôme sur les charbons. Elle peut être servie sur la table avec les viandes.

En contact de tous les côtés avec l'air atmosphérique, les côtelettes s'y oxigènent en cuisant et n'ont pas le goût des viandes étouffées, cuites dans des casseroles.

Comme on peut ici approcher le garde-feu aussi près qu'on veut du gril ; on peut mettre les viandes en contact avec le charbon en ignition, qui brûle avec vivacité, parce qu'il se trouve environné d'air ; il en résulte que la surface de ces viandes est saisie par le calorique, ce qui conserve leur suc ; aussi sont-elles délicieuses.

J'ose assurer que ce gril deviendra d'un usage général.

Il coûte 12 francs.

## FOURNEAU-DÉJEUNER.

JE me suis depuis long-tems occupé du fourneau du déjeûner, à la sollicitation de **M. Cadet-de-Vaux.** J'en possède de divers prix et de diverses formes ; savoir, un petit fourneau en terre cuite à une seule lunette, et dont la grille est mobile. On peut se servir à volonté dans ce fourneau, de petites brindilles de bois, de charbon, de braise ou de papier ; on peut y adapter des casseroles ordinaires. C'est ce petit fourneau, que j'ai appelé conserve-chaleur, et qui peut se poser à la suite du fourneau-potager, pour profiter du restant du calorique qui sort avec la fumée. Ce fourneau coûte 1 franc 50 cent., et avec sa casserole 3 francs.

Un fourneau à deux lunettes, et deux foyers, sert aux mêmes usages que le précédent; mais ici on ne fait du feu que dans un seul foyer, et ce même feu, chauffe les deux casseroles, qui se trouvent placées sur les deux lunettes; parce que la flamme après avoir frappé le fond de la première casserole, entre par un trou de communication, dans le second foyer, et vient chauffer la seconde; c'est ainsi qu'on fera tout à la fois, chauffer son lait et bouillir son café. Il est disposé de manière qu'on peut faire, à volonté, du feu dans les deux foyers. Ce fourneau à deux lunettes, est du prix de 3 francs.

Avec ses deux casseroles, il coûtera 6 francs.

J'observe que ces petits fourneaux étant en terre cuite, sont par conséquent lourds et massifs, et sont plus particuliérement destinés pour les cuisines; qu'en se servant de papier, ils en consument un peu plus, et sont plus long-tems à chauffer que ceux de tôle dont je vais parler. J'en possède aussi de différens prix et de formes diverses :

A une lunette, avec une seule casserole

pouvant contenir 6 tasses de café, coûte 12 francs.

A une lunette, d'un diamètre plus grand, ainsi que la casserole, coûte 16 francs.

A une lunette d'un grand diamètre, mais la casserole disposée de manière qu'on peut y faire chauffer en même tems, mais dans des compartimens séparés, le lait et le café. La casserole est munie de deux petits robinets, coûte 20 francs.

A deux lunettes avec trois casseroles, dont l'une pour le café, l'autre pour le lait et la troisième pour les côtelettes; plus, une petite lampe à l'esprit-de-vin, le bain-marie, le cendrier séparé.

Ce fourneau composé de 7 pièces, coûte 24 francs.

Ces fourneaux en tôle qui sont doublés, pour mieux conserver la chaleur, sont plus particuliérement destinés à brûler du papier. C'est à M. *Cadet-de-Vaux* qu'on les doit; du moins la dernière forme, à deux lunettes. Il a publié une petite brochure (1), où l'on trouve les détails sur leurs avantages, en voici le résumé.

_________________________________

(1) Je donne cette petite brochure aux Personnes qui m'achètent ce fourneau, autrement je la vends 6 sous.

Une très-grande économie de combustible.

On fait bouillir son café, chauffer son lait, cuire trois côtelettes avec une once de papier ce qui fait moins d'un liard, ou environ 8 sous par mois ( la livre de papier coûtant à Paris 3 sous ). Pour préparer le même déjeûner sur un fourneau ordinaire, on dépenserait 15 à 16 fois plus en combustible.

On aura donc bientôt regagné son fourneau

Une très-grande économie de tems, objet important pour beaucoup de monde.

En deux minutes et demie, on fait bouillir son café et chauffer son lait; il ne faut que trois minutes pour cuire les côtelettes. Les expériences ont été faites dans une réunion de la Société épicurienne, au Rocher de Cancale.

Si la nuit on se trouve surpris d'une indigestion, colique ou autre incommodité, on peut avec ce fourneau et un briquet oxigéné, ou phosphorique, se procurer instantanément de la lumière et de l'eau chaude, qu'on n'aurait peut-être obtenue d'un domestique, qu'après une demi-heure, et ce tems est bien long lorsqu'on souffre.

Le célibataire, que l'embarras d'allumer son charbon empêche de préparer son déjeûner, va prendre ailleurs, souvent de mauvais café qu'il eût pris très-bon chez lui, et à beaucoup meilleur marché.

Muni de sa cafetière à filtrer, il préparera

son café dès la veille, et n'aura plus qu'à le faire réchauffer le matin ; ce qui s'opère en deux minutes. Combien une pareille économie de tems, est précieuse pour les gens-d'affaires ! On fera aussi chauffer instantanément de l'eau pour se raser.

Comme ce fourneau-déjeûner est d'une forme élégante et légère, on pourra le placer sur les plus jolies tables. Alors une maîtresse de maison, n'abandonnera pas à des domestiques souvent infidèles, le soin de son café, et le prendra meilleur.

Mais c'est sur-tout pour le chasseur et le voyageur, que ce fourneau sera éminemment utile : le premier pourra au milieu des bois et des forêts, faire cuire des côtelettes, des rognons, saucisses, et rétablir ainsi par des mets chauds, ses forces épuisées à la poursuite de sa proie. Le second sera dans ses voyages, plus indépendant des hommes et des choses. Ceux qui ont voyagé savent qu'on prend le plus souvent de très-mauvais café dans les auberges ; qu'on est obligé d'attendre souvent long-tems. S'il voyage pendant la nuit, il pourra à volonté faire cuire des mets en quelques minutes, qu'il attendrait long-tems dans les auberges de village.

# LE POÊLE-FOURNEAU.

Ce poêle-fourneau qui est de mon invention, réunit tous les avantages du fourneau-potager ; ce sont les mêmes marmites, les mêmes casseroles, la même cafetière, excepté cependant que celle-ci contient deux litres. Tous ces appareils remplissent les mêmes usages ; mais ce poêle-fourneau possède des avantages qui lui sont particuliers ; il est destiné à brûler exclusivement du bois, ce qui est toujours plus économique que le charbon, et très-souvent plus commode. Le foyer se trouvant beaucoup plus grand, il peut chauffer très-bien une habitation en hiver. On y adapte d'ailleurs des tuyaux comme aux poêles ordinaires. Il diffère de ceux-ci et l'emporte de beaucoup sur eux, en ce qu'il consomme beaucoup moins de bois pour préparer les alimens, faire chauffer de l'eau, élever la température d'un appartement à un degré thermométrique donné. On y a pratiqué les mêmes sinuosités que dans le fourneau-potager ; la flamme y serpente avant d'arriver aux tuyaux, ce qui en forme des poêles suédois ou russes. J'ai opéré par des moyens simples, puisqu'il suffit de placer dans ce poêle deux bouchons ou tampons de terre cuite, dont les échancrures sont placées à contre-sens et tout contre celles pratiquées dans l'intérieur du poêle.

En donnant plus de hauteur à ces poêles, on

pourra multiplier les bouchons et faire serpenter autant qu'on voudra la flamme, avant d'entrer dans les tuyaux ; alors ils deviendraient très-utiles pour les anti-chambres et les grands appartemens.

Il ont tous les avantages des grands poêles russes et suédois si justement célèbres ; mais ils ont de plus celui d'être très-faciles à nettoyer et à réparer, sans être obligé de les démolir, ce qu'exige la réparation de tout poêle à révolutions.

Pour nettoyer les miens, on enlèvera la tablette supérieure qui est amovible, et ensuite chacun des bouchons qui le sont également.

Un autre avantage que ne possèdent pas les poêles ordinaires, c'est de pouvoir augmenter ou diminuer le tirage à volonté ; pour opérer cet effet il suffit d'ôter un ou deux bouchons.

En général, les poêles sont mal construits ; dans les uns, la flamme non arrêtée dans sa marche, entre de suite dans les tuyaux droits ; alors le poêle a beaucoup de tirage et ne fume pas, mais il consomme beaucoup, ou plutôt il dévore le bois, si je puis m'exprimer ainsi. Dans les autres, on fait faire plusieurs circuits à la flamme dans l'intérieur du poêle, avant d'entrer dans les tuyaux, alors ces poêles donnent beaucoup de chaleur et la conservent long-tems ; mais ils fument très-souvent, sur-tout lorsqu'au moment de les allumer, l'air est lourd et humide, ou lorsqu'il souffle un vent contraire.

M. *Montpetit* est le premier à ma connaissance qui ait remédié à ces deux inconvéniens, en pratiquant dans son poêle hydraulique un canal direct, et des canaux en spirale. Lorsqu'il avait besoin d'un grand tirage, il ouvrait la soupape du premier; lorsqu'il voulait de l'économie, il la fermait, et ouvrait celle des seconds. Mes poêles sont plus simples encore; je n'ai pas besoin de soupapes et de deux différens canaux (1). Pour augmenter le tirage, j'enlève les bouchons; dans le cas contraire, je les place. Ces bouchons pour plus de solidité devraient être en fonte; mais pour plus d'économie et sur-tout pour mieux conserver la chaleur, je les ai établis en terre cuite, dont l'achat d'ailleurs ne se montera pas pour les remplacer, à plus de 10 sous.

Ce qui différencie mon poêle des autres, c'est qu'il a deux couvercles, un de tôle par dessous et l'autre de terre par dessus. Si je veux chauffer promptement l'appartement, j'enlève le couvercle de terre; comme la tôle est très-perméable au calorique, il est d'autant plus promptement tamisé à travers ce couvercle que, par sa nature, il tend toujours à monter. Pour en augmenter encore l'effet, je place ma porte de tôle; mais si je veux conserver la

---

(1) J'en excepte cependant les grands poêles d'antichambre, construits sur place. Il faudrait pour plus de perfection, leur donner de plus un canal droit.

chaleur, je place ma porte de terre et mon couvercle de terre sur celui de tôle : la terre conduit assez mal le calorique. Il sera d'autant plus concentré dans le poêle, qu'il se trouve alors une couche d'air assez épaisse, entre les deux couvercles. On sait d'après les expériences du comte *de Rumfort*, combien cet air est peu conducteur du calorique.

Le couvercle de tôle qui a la forme d'une capsule ou casserole, offre plusieurs autres avantages, tels sont ceux de conserver et faire durer beaucoup plus long-tems les couvercles de terre. Sans elle ils seraient bientôt fendillés et cassés par la violence du feu, ce que l'on voit toujours s'opérer sur les poêles ordinaires.

Cette capsule se trouve uniformément échauffée dans toutes ses parties, ce qui vient de ce que la flamme arrêtée par le grand bouchon, est obligée de s'infléchir et de s'étendre en nappes sous toute sa surface, il en résulte que j'y fais chauffer plusieurs fers à repasser; ils le sont très-promptement, avec d'autant plus d'économie, qu'ils peuvent chauffer avec du bois, moins cher que le charbon, et que d'ailleurs ce poêle remplit le double but de chauffer l'appartement. Mais il le chauffera trop en été, dira-t-on ? Je puis faire en sorte que non ; je démonterai mon poêle, je le placerai dans ma cheminée, et si je veux établir un petit mur en briques ou maçonnerie à l'entour, mais à un pouce de distance, et placer du charbon pilé entre le mur et le poêle, recouvrir le dessus du poêle d'un couvercle double en tôle ou tout simplement d'un couvercle en terre, il ne donnerait pas de chaleur à l'appartement, et serait très-utile pour les blanchisseuses de profession, qui, d'ailleurs pourraient y faire leur cuisine et faire chauffer l'eau pour leur savonnage.

En plaçant une casserole de fer-blanc sur cette capsule de tôle, on y fait bouillir de l'eau très-promptement. On y fait cuire toute espèce de légumes ou de ragoûts.

En y plaçant de la viande dans un plat de faïence brune, et recouvrant le tout d'un grand couvercle de fer-blanc ou d'une grande huguenotte de terre, on y fait rôtir cette viande, disons *braiser*. Il sera bon de mettre sous le plat une tuile de terre cuite, car si on faisait un peu trop de feu dans le poêle, on courrait les risques de brûler la viande.

En plaçant sur cette capsule de tôle, le lait et le café, le matin, on les fait chauffer et bouillir promptement.

On y fait griller des marrons, cuire des pommes-de-terre.

En donnant plus de profondeur à cette capsule de tôle, elle s'enfonce davantage dans le poêle, et donne ainsi de nouveaux avantages : tels sont ceux de pouvoir y placer toute espèce de marmites ordinaires ; de pouvoir à volonté et par les moyens les plus simples régulariser la température du pot-au-feu, et sans toucher au combustible. Veut-on, par exemple, qu'en faisant bon feu en hiver pour chauffer suffisamment une grande cuisine, le pot bouille à petit bouillon, chose toujours essentielle lorsqu'on veut avoir de bonne soupe; alors on remplit son poële de bois, et lorsque le pot commence à bouillir, on le retire du poële, on place au fond de cette capsule une ou deux poignées de cendres, de sable ou une tuile, et l'on remet sa marmite dessus. On emploierait les mêmes moyens si on était obligé de quitter son pot-au-feu pendant 3 ou 4 heures, ce qui arrive assez fréquemment. Chacune des deux capsules coûte 4 francs. Il est très-utile de se procurer l'une et l'autre.

Ces deux capsules peuvent également s'adapter au fourneau-potager, et y remplir les mêmes usages. On peut par le moyen du mastic des chaudronniers, les rendre propres à contenir l'eau.

On liera le rebord de ces capsules avec le poële par un peu de terre à four, pour empêcher la fumée de sortir par d'autres endroits que par le tuyau (1). Au lieu de terre à four on ferait encore mieux de se servir du mastic sui-

---

(1) L'expérience m'a appris que cette précaution était rarement nécessaire.

vant, qui résiste très-bien au feu : on prend un peu de chaux vive qu'on réduit en poudre, en y jetant peu d'eau à la fois pour l'éteindre, on la passera au tamis et on mêlera cette chaux en poudre avec du fromage mou bien égoutté, qu'on appelle lait caillé, fromage à la pie ; on fera du tout une pâte, qu'on emploiera récemment préparée. Ce mastic ne devra s'employer que pour la capsule profonde, qui peut être placée à demeure dans le poêle-fourneau.

Dans nos laboratoires de chimie, lorsqu'un fourneau se fend ou se casse, nous le raccommodons avec ce mastic, qui réunit tellement les parties cassées, que le même fourneau sert encore plusieurs années.

Ce poêle peut servir à tous les besoins de la vie.

1°. A faire le pot-au-feu dans la marmite, où l'on peut aussi faire cuire toute autre espèces de mets.

2°. A faire cuire les légumes, le riz, le vermicel, soit en plaçant la casserole à la vapeur du pot-au-feu, soit en la plaçant sur la capsule de tôle.

3°. A faire cuire des viandes en ragoût ou à l'étouffade, de la même manière.

4°. A faire braiser des viandes.

5°. A faire chauffer une très-grande quantité d'eau, soit dans le seau bain-marie qui en contient 12 livres, soit dans la cafetière-porte, qui en contient 4, soit dans la marmite qui en contient plus de 24 livres, soit dans le couvercle-marmite, de faïence brune, soit dans les casseroles de fer-blanc.

6°. A faire chauffer le déjeûner.

7°. A faire chauffer des fers à repasser.

8°. A faire chauffer des lessives, ou de grandes masses de tout autre liquide en lui donnant plus de diamètre.

9°. A chauffer les appartemens avec beaucoup d'économie de combustible.

10°. Enfin, à faire chauffer au bain de sable, des liquides ou des alimens, dans des vases qui ne peuvent être exposés au feu sans cette précaution. Tels sont ceux de verre, de porcelaine, faïence dite anglaise, etc.

Je me propose d'y joindre encore un petit fourneau à ragoût, proprement dit, qui s'adaptera à la buse ou tuyau par où sortent la flamme et la fumée.

## *Prix du poële, et de ses accessoires.*

Le poële, grande dimension, 24 pouces de haut monté sur son pied; et 15 pouces de diamètre, garni de son cercle de fer, de ses deux portes, l'une en terre et l'autre en tôle, de ses deux bouchons, de son pied, de son couvercle de terre, de ses deux capsules de tôle, de ses deux marmites et de leurs deux couvercles; les marmites contenant de 15 à

16 pintes d'eau, coûte . . . . . . . 29 fr.

L'appareil pour la cuisine bourgeoise, composé de deux casseroles, du seau et de la cafetière-porte, qui contient deux pintes. . . . . . . . . . . . . . . 21

——————

50 fr.

Le moyen composé des mêmes pièces, 28 fr.
Avec les accessoires en fer-blanc, . 20

——————

48 fr.

Le petit, qui a 19 pouces de haut, et 12 pouces de diamètre, composé des mêmes pièces, . . . . . . . . . . 26 fr.
Accessoires en fer-blanc . . . . 19

——————

45 fr.

On peut à la rigueur, se passer d'une capsule de tôle, ce qui diminuera le prix de chaque poêle, de 4 francs. On se priverait cependant de plusieurs avantages ; et mieux vaudrait supprimer la cafetière-porte, qui réussit moins bien pour les poêles, que pour le fourneau-potager. Comme ce sont les mêmes marmites et les mêmes accessoires qui vont sur le fourneau-potager de M. *Cadet-de-Vaux*, excepté la cafetière-porte, on trouverait de grands avantages à acheter l'un et l'autre ; c'est ainsi que le poêle servirait exclusivement pour l'hiver, et le fourneau pour l'été. On n'aurait pas besoin à chaque saison, de démonter son poêle, pour le placer alternativement dans l'intérieur de la cuisine et dans la cheminée en été. Il est plus facile de diriger la combustion dans le fourneau-potager, et de la rendre à volonté plus lente, ce qui fait qu'il n'a pas besoin d'être surveillé, ce qui devient sur-tout très-commode pour l'été, parce que le besoin de se chauffer ne retient pas les domestiques à la cuisine.

Supposons qu'on ait acheté le poêle avec tous ses accessoires, on aurait à dépenser pour le fourneau-potager et sa cafetière-porte, grande dimension, 12 francs.

Moyenne, 11 francs.

Petite, 10 francs.

L'emballage de ces deux objets, savoir, le poêle complet avec tous ses accessoires, et le fourneau-potager, coûtera 12 francs.

Et quoiqu'on y joigne divers autres accessoires, tels que la rôtissoire, les fourneaux du déjeûner, les grils-braisiers ; cela n'augmentera pas le prix de l'emballage.

---

*Rapport fait à la Société d'Encouragement, pour l'Industrie nationale, par son Comité des Arts économiques, sur ce Poêle.*

« L'ÉCONOMIE de combustible, est un des objets, qui, depuis plusieurs années, paraît avoir fixé l'attention du Gouvernement. Il a

» ordonné dans la plupart des maisons occu-
» pées par l'administration, la reconstruction
» des foyers de cheminées, sur des principes
» qui, en diminuant la consommation du bois,
» préservent de la fumée, et répandent le ca-
» lorique en plus grande masse, dans les lieux
» qu'on se propose d'échauffer ; mais de toute
» les expériences qui se sont faites jusqu'au-
» jourd'hui, celles que vous avez reconnues les
» plus applicables, sous le rapport de l'écono-
» mie, à l'usage de la classe de la société la
» plus nombreuse et la moins fortunée, sont
» aussi celles qui vous ont paru mériter davan-
» tage un examen attentif, une approbation
» bien motivée, et que vous avez jugées des
» plus dignes de vos encouragemens.

« De ce nombre est la construction du poêle-
» fourneau, que vous a présenté M. *Harel*, et
» sur lequel vous avez désiré un rapport de
» votre Comité des arts économiques.

« Une des très-judicieuses observations de
» M. *Chaptal*, dans le discours préliminaire
» de l'ouvrage si important au progrès des arts,
» qu'il vient dernièrement de publier, peut
» s'appliquer à toutes les nouvelles inventions
» qu'offrent les artistes aux consommateurs. *Le*
» *chimiste*, dit-il, *propose : le fabricant juge et*
» *décide*. Ici de même ; c'est au consommateur
» à prévoir s'il trouvera son avantage dans un
» changement de moyens, de procédés et d'ha-
» bitudes ; mais si nous cherchons à éclairer

» son choix, nous ne pouvons nous dissimuler
» que c'est sur-tout à l'expérience, qu'il appar-
» tient de le convaincre ; et cette réflexion doit
» nous faire applaudir au zèle des personnes
» que leur situation ne condamne pas à une sé-
» vère économie, et qui, en essayant les nou-
» velles inventions dont l'économie est le but,
» en encouragent la fabrication, et en cons-
» tatent l'utilité ; c'est ce qui a eu lieu avec
» succès pour le poêle-fourneau, dont nous al-
» lons vous présenter la description : plusieurs
» particuliers l'ont déjà employé, et en ont été
» satisfaits.

» Nous ajouterons comme un titre de plus à
» votre confiance, qu'il a été construit d'après
» le fourneau-économique, inventé par M.
» *Bouriat*, dont l'utilité n'est plus probléma-
» tique ».

Ici se trouve placée la description du poêle,
et de tous ses différens accessoires, et la manière de s'en servir ; comme je suis entré dans les
plus petits détails, tant à l'article poêle qu'à
celui du fourneau-potager et de ses accessoires
qui sont les mêmes, je supprime ce passage.

« D'après l'examen que votre Comité a fait
» de l'invention utile, dont je viens de vous
» soumettre le résultat, il vous propose d'y don-
» ner plus de publicité, par l'insertion du pré-
» sent rapport au bulletin de la Société, et en
» même tems de témoigner à M. *Harel* votre

» satisfaction en l'engageant à redoubler de zèle
» et d'activité, pour, par une exécution bien
» soignée, assurer le succès d'ouvrages qui nous
» ont paru construits sur une bonne et nou-
» velle application de moyens déjà connus;
» mais qui ne sont pas assez en usage ».

Adopté en séance, le 22 Avril, 1807.

*Signé*, DE GRAVE.

*Pour copie conforme,*

CL.-ANTH. COSTAZ, *Secr.-Adjoint.*

*Lettre du Secrétaire de la Société d'En-
couragement pour l'Industrie nationale
à M.* HAREL.

MONSIEUR, j'ai l'honneur de vous adresser
ci-joint le rapport fait par **M.** *de Grave*, au
nom du Comité des arts économiques, sur le
poêle-fourneau que vous avez présenté à la Société. Le comité a reconnu que cet appareil réu-
nissait l'utilité à l'économie, et qu'il était construit d'après un bon modèle (le fourneau *Bouriat.*) Il serait à désirer qu'on l'adoptât généralement dans tous les ménages, parce qu'il
offre un bénéfice considérable sur les poêles
ordinaires, et qu'il est d'un usage commode. C'est
pour atteindre ce but, que la Société a décidé
que le rapport de **M.** *de Grave* serait inséré
dans son bulletin, afin de donner à votre fourneau toute la publicité qu'il mérite.

S

La Société ne peut qu'applaudir à votre zèle, pour multiplier en France, les moyens d'économiser le combustible. Elle vous engage à redoubler d'efforts, pour donner à vos poêles-fourneaux, toute la perfection dont ils sont susceptibles, afin d'en répandre l'usage.

CL.-ANTH. COSTAZ, *Secr.-Adjoint.*

DEPUIS l'époque de ce rapport je l'ai beaucoup perfectionnés. M. *Brown*, contrôleur de l'Octroi de navigation, à Pont-de-l'Arche, sur Seine, à qui j'en ai vendu un l'an passé, et qui, cette année, m'en a acheté plusieurs pour ses amis, m'a dit qu'il avait gagné son poêle au bout de six semaines, par l'économie de combustible.

JE m'occupe en ce moment du fourneau à ragoût, proprement dit. J'en possède de différentes formes et à différens systèmes, soit pour brûler du charbon, soit pour brûler du bois. Mais j'attendrai, pour les annoncer au public, qu'une longue expérience m'ait confirmé tous leurs avantages. Il me suffira de dire ici que j'ai opéré par des moyens simples et peu coûteux.

OUVRAGES *qui se trouvent chez* D. COLAS, *Imprimeur-Libraire, rue du Vieux-Colombier,* N.º 26, *Faubourg Saint-Germain.*

( EXTRAIT DU CATALOGUE. )

AMI (l') *des Cultivateurs*, ou moyens simples et mis à la portée de tous les propriétaires, fermiers, laboureurs, vignerons, etc., de tirer le meilleur parti des biens de campagne de toute espèce, avec tout ce qu'il est nécessaire de savoir, pour faire valoir avantageusement un domaine en bétail, volailles, grains, vins, foins, bois, étangs et autres productions utiles, et de tirer un parti quelconque de tous les terrains; avec le traitement des maladies du bétail, et la manière de faire prospérer les abeilles et les vers-à-soie, avec des gravures en taille-douce. Par *P. G. Poinsot*, auteur de l'*Ami des Jardiniers*. — Deux vol. in-8°. — Prix, 10 fr. et 13 fr. franc de port.

*Ami* ( l' ) *des Jardiniers*, ou Instruction méthodique à la portée des amateurs et des jardiniers de profession, sur tout ce qui concerne les jardins fruitiers et potagers, parcs, jardins anglais, parterres, orangeries et serres chaudes. Par le même. — Deux vol. in-8°, ornés de 20 planches. — Prix, 12 fr., et 15 fr. franc de port.

*Art* (l') *du Taupier*, ou Méthode amusante et infaillible de prendre les taupes, suivant les procédés d'*Aurignac*. Par M. *Dralet*, conservateur des forêts de l'Arrondissement de Toulouse, *douzième édition*. — Broch. in-8°. — Prix, 60 c., et 70 c. franc de port.

*Art* (l') *de faire le Vin*, d'après la méthode de *Chaptal*, instruction destinée aux Vignerons ; rédigée par *Antoine Alexis Cadet-de-Vaux*. — Prix, 1 fr., et 1 fr. 25 c. franc de port.

*Atlas hydrographique de l'Empire français*, suivi de Tableau des Départemens dont la nomenclature est étrangère aux rivières, avec les explications de cette nomenclature, terminé par le Tableau des divisions militaires de la France ; par *C. Gouy*. — Prix, 3 fr., et 3 fr. 30 c. franc de port.

*Buffon* (le ) *des Ecoles*, à l'usage de la jeunesse, ou l'Histoire Naturelle, calquée sur la classification des animaux ; par *Linnœus*. — Deux vol. in-12, ornés de 103 fig. en taille-douce. — Prix, 5 fr., et 6 fr. franc de port.

*Calendrier de Flore*, ou Etudes de fleurs d'après nature. Par Madame *V. D. C.*—Trois vol. in-8°.—Prix, 15 fr., et 20 fr. franc de port.

*Catalogue des arbres fruitiers*, arbres, arbrisseaux, arbustes, et plantes cultivés dans les pépinières de *J. L. Descemet*, membre de la Société d'Agriculture du Département de la Seine, etc., etc.—Brochure in-8°.—Prix, 1 fr., et 1 fr. 25 c. franc de port.

*Considérations sur les finances.* Par M. *de Guer.*—Un fort vol. in-8°.—Prix, 5 fr., et 6 fr. franc de port.

*Cours de Minéralogie*, rapporté au tableau méthodique des Minéraux, donné par *Daubenton*, de l'Institut national de France; ou Démonstrations élémentaires et naturelles de Minéralogie. Par *N. Jolyclerc*, professeur d'Histoire naturelle à l'Ecole centrale du département de la Corrèze, membre de la Société d'Agriculture de ce département; associé de la Société libre d'agriculture, Arts et Commerce du département des Ardennes, et de plusieurs autres Sociétés Littéraires ou Agronomes. ( On a joint à cet ouvrage un tableau analytique des minéraux. ).

Avec cette épigraphe :

L'étude de la Nature me consolait de l'injustice des hommes.  J. J. ROUSSEAU.

Un vol. in-8° de 450 pages, imprimé sur beau papier.—Prix, broché, 6 fr., et 7 fr. 50 c. franc de port.

*De la pratique de l'Agriculture*; ou Recueil d'essais et d'expériences, dont le succès est constaté par des pièces authentiques : contenant le développement ( demandé par la Société d'Agriculture du Département de la Seine ) des moyens employés avec économie, dans le desséchement des marais, dans la distribution des eaux, le défrichement des montagnes et des terrains incultes, les pépinières, semis et plantations, et diverses améliorations; avec des observations sur l'acacia, sur la greffe, sur la coupe des bois, et sur la plantation des bords des routes. Publié par *Nicolas Douette Richardot*, cultivateur à Langres; Département de la Haute-Marne; et rédigé d'après ses mémoires, par *Richardot* l'aîné, Juge-de-Paix du canton de Verzy, Département de la Marne.—Un volume in-8°, de plus de 650 pages.—Prix, 6 fr., et 8 fr. franc de port.

*De la restauration et du gouvernement des Arbres à fruits*, mutilés et dégradés par la succession annuelle de l'ébourgeonnement et de la taille; et Réflexions relatives à la marche des découvertes dans les Sciences naturelles, et aux obstacles qu'y apportent les fausses routes précédemment tracées, lues à la séance de la Société Académique des Sciences, du 31 Janvier 1807. Par *Antoine-Alexis Cadet-de-Vaux*, membre des Académies Impériale des Curieux de la Nature, Royale des Sciences de Madrid, etc. — Brochure in-8°, avec une gravure. — Prix, 1 fr. 25 c., et 1 fr. 30 c. franc de port.

*De la Taupe, de ses mœurs, de ses habitudes, et des moyens de la détruire.* Par le même. — Un vol. in-12, avec huit gravures. — Prix, 2 fr. 50 c., et 3 fr. franc de port.

*Dictionnaire abrégé et portatif des langues française, latine, italienne, espagnole et portugaise.* Par *C. de la Jonchère.* — Seconde édition. — Un vol. in-8°, format oblong. — Prix, 5 fr., et 6 fr. 50 c. franc de port.

*Dissertation sur le Café*, son Historique, ses propriétés, et le procédé pour en obtenir la boisson la plus agréable, la plus salutaire et la plus économique. Par *A.-A. Cadet-de-Vaux*. Suivie de son Analyse; par *Ch.-L. Cadet*, Pharmacien de S. M. L'Empereur, etc. — Brochure in-12. — Prix, 1 fr. 50 c., et 1 fr. 80 c. franc de port.

*Essai sur la culture de la Vigne sans le concours d'échalas.* Par le même. — In-8°, avec gravure. — Prix, 75 c., et 1 fr. franc de port.

*Mémoire sur quelques inconvéniens de la taille des Arbres à fruits*, et Nouvelle Méthode de les conduire pour assurer la fructification; par le même. — Brochure in-8°, avec une planche gravée. — Prix, 1 fr., et 1 fr. 20 c. franc de port.

*Nouveau Dictionnaire portatif, français et anglais;* rédigé d'après les Dictionnaires les plus estimés, et sur-tout d'après ceux de l'Académie française et du Dr. *S. Johnson*. Par *Thomas Nugent*, et revu par *J. S. Charrier*. *Nouvelle édition*, augmentée de plus de deux mille mots, par l'éditeur des auteurs Anglais à Bâle. On y a joint un Abrégé de Grammaire anglaise, et une Table des mots homonymes. — Deux vol., format oblong. — Prix, 6 fr., et 7 fr. 50 c. franc de port.

*Nouvelles recherches sur les rétentions d'urine, par rétrécissement de l'urètre et par paralysie de la vessie;* suivies de remarques sur la gravelle. Par M. *Nauche*. *Troisième édition.* — Un vol. in-8°. — Prix, 2 fr. 25 c., et 2 fr. 75 c. franc de port.

*Nouvelles récréations physiques et mathématiques*, contenant ce qui a été imaginé de plus curieux dans ce genre, et qui se découvre journellement ; auxquelles on a joint les causes, leurs effets, la manière de les construire et l'amusement qu'on en peut tirer pour étonner et surprendre agréablement. Par M. *Guyot. Nouvelle édition.* — Trois vol. in-8°, avec 102 gravures. — Prix, 18 fr., et 23 fr. franc de port.

*Pyrétologie méthodique, de Selle*, médecin du Roi de Prusse, membre de l'Académie Royale des Sciences de Berlin, etc ; traduite du latin sur la troisième et dernière édition. Par *J. Nauche*, médecin, membre de la Société Académique des Sciences, des Sociétés médicales de Paris, des Sciences et Arts de Toulon, de Douai, etc. Avec des Notes du traducteur et du citoyen *Chaussier*, de l'Institut national, professeur à l'École de Médecine de Paris. — Prix, broché, 4 fr. 50 c., et 6 fr. franc de port.

*Recherches historiques sur le Cardinal de Retz ;* suivies des Portraits, Pensées et Maximes extraits de ses Ouvrages. Par *V.-D. Musset-Pathay.* — Un vol. in-8°. — Prix, 5 fr., et 6 fr 25 c. franc de port.

*Tableau chronologique et historique des Ordres de Chevalerie*, institués chez les différens Peuples, depuis le commencement du IV^e siècle. Par *J. Lablée*, membre de l'Académie de Lyon. — Un vol. in-12. — Prix, 3 fr., et 3 fr. 75 c. franc de port.

*Théorie des Jardins*, ou *l'Art des Jardins de la Nature* ; par *J.-M. Morel* ; suivie d'un *Tableau Dendrologique.* — Deux vol. in-8°, avec une gravure ; imprimés sur beau papier.—An XI.—Prix, 9 fr. et 11 fr. 50 c. franc de port—On a tiré un petit nombre d'exemplaires en papier vélin. Prix, cartonné, 21 fr.—La première édition de la *Théorie des Jardins*, a été publiée en un volume ; celle-ci contient un volume d'augmentations utiles et nécessaires pour mettre en pratique la théorie développée dans l'ouvrage.

*Traité des végéaux qui composent l'Agriculture de l'Empire Français*, avec un exposé rapide des caractères les plus saillans qui indiquent les différences, qualités et usages, et notamment des espèces peu connues et dont la turalisation présente des avantages. Suivi de considérations sur les semis et les plantations, et de l'indication pour chaque mois des travaux à faire dans les jardins, les prés, les bois et les champs. Par *Tollard*, aîné.—Un fort volume in-12 de 450 pag. — Prix, 3 fr. 50 c., et 4 fr. 50 c. franc de port.

*Traité sur les prairies artificielles,* **extrait** des mémoires de la Société d'Agriculture de Paris, et des auteurs modernes les plus estimés ; augmenté de la culture de 10 plantes qui ne se trouvent pas dans *Gilbert.* On y a joint la description d'une machine simple, indispensable dans les grandes exploitations, avec laquelle on coupe facilement soixante boisseaux de racines par heure. Par *Cretté Palluel.* —Un vol. in-8°. — Prix, 4 fr., et 5 fr. 25 c. franc de port.

*Vie* ( la ) *et les Aventures de Robinson Crusoé,* par *Daniel de Foë,* en 3 vol. in-8°, sur papier grand-raisin fin. Édition revue et corrigée d'après le texte anglais de la belle édition donnée par *Stockdale,* à Londres en 1790 ; augmentée d'une Préface par M. *Montlinot ;* de la Vie de Daniel de Foë, par M. *Labaume ;* de la Préface du premier Traducteur, de l'Avertissement du second Editeur, d'une Table des matières, et d'un Dictionnaire des termes de marine. — Cette édition est enrichie de 15 estampes supérieurement gravées d'après les dessins originaux ; du Portrait de Daniel de Foë ; d'une Mappemonde sur laquelle est tracé le voyage de Robinson et la situation de son île, et de 3 Frontispices gravés. L'impression de cet ouvrage est très-bien exécutée, avec de très-beaux caractères. — Trois vol. in-8°. — Prix, 18 fr., et 22 fr. franc de port.

Il ne reste plus que quelques exemplaires sur papier vélin, du prix de 42 fr., et 48 fr. franc de port.

*Voyage à Pétersbourg,* ou nouveaux Mémoires sur la Russie ; par M. *de la Messelière.* Précédés du Tableau historique de cet Empire ; par *V.-D. Musset-Pathay.* — Un vol. in-8°. — Prix, 3 fr. 50 c. ; et 4 fr. 50 c. franc de p.

---

*Coup-d'œil physiologique sur la Folie,* ou Réflexions et Recherches analytiques des causes qui disposent à cette maladie, et sur celles qui la déterminent et l'entretiennent ; suivies des diverses méthodes qu'il faut employer dans son traitement en raison de ces causes, etc. Par *P.-A. Prost,* docteur en médecine ; de la Société de médecine de Paris, de celle de médecine et d'Agriculture de Lyon, etc. — Brochure in-8°. — Prix, 1 fr., et 1 fr. 10 c. franc de port.

*Deuxième Coup-d'œil sur la Folie,* ou *Exposé des causes essentielles de cette maladie ;* suivi de l'indication de divers procédés de guérison. Par le même. — Broch. in-8°, 1807. — Prix, 1 fr. 50 c., et 1 fr. 65 c. franc de port.

*Troisième Coup-d'œil sur la Folie,* etc. Par le même.— Broch. in-8°. — Même prix.

*Essai physiologique sur la sensibilité; par le même.—*
Un vol. in-8°.—Prix, 3 fr. 5o c., et 4 fr. 5o c. franc de port.

*Médecine éclairée par l'observation et l'ouverture des*
*corps ; par le même.*—Deux vol. in-8°.—Prix, 1o fr., et
13 fr. franc de port.

## *Ouvrages périodiques.*

JOURNAL D'ECONOMIE RURALE et Domestique,
ou Bibliothèque des Propriétaires ruraux.—Publié, le
1er de chaque mois, par cahiers de six feuilles, format grand
in-8°, avec des gravures.—Chaque trimestre forme, avec
la table des matières, un volume de 3oo pages, ce qui
donne quatre volumes par an. — Les matières qui entrent
dans le plan de cet Ouvrage, sont classées sous les titres
suivans : *Economie rurale, Agriculture, Sociétés savan-*
*tes ; Economie domestique ; Economie animale ; Arts*
*industriels ; Education physique ; Education morale ;*
*Lois rurales ; Variétés.*

Le prix de la souscription, pour recevoir chaque N° franc
de port par la poste, est de 24 fr. pour un an ; 12 fr. pour
six mois ; et 7 fr. pour trois mois. On ne peut s'abonner
qu'à partir d'un trimestre, c'est-à-dire à commencer des
1er Janvier, 1er Avril, 1er Juillet, 1er Octobre.—Ce Journal
paraît depuis le 1er Germinal an XI ( Avril 18o4 ).

La collection de ce Journal se vend, prise à Paris, à
raison de 18 fr. par chaque année, qu'on peut demander
séparément.

L'opinion publique a placé ce Journal parmi les ouvrages
les plus utiles ; le zèle soutenu et les connaissances pratiques
de ses Collaborateurs, justifient de plus en plus la confiance
des Propriétaires.

---

LE TÉLÉGRAPHE LITTÉRAIRE, *ou* LE CORRES-
PONDANT DE LA LIBRAIRIE. Ce Journal, composé
d'une demi-feuille in-8°, paraît tous les dix jours, les 5,
15 et 25 de chaque mois. Il annonce tous les Ouvrages de
Librairie, Gravures, Musique, etc.—Le prix de l'abonnement est de 7 fr. 5o c. pour un an, et de 4 fr. pour six mois.
—On ne peut s'abonner pour moins de six mois, à partir
des mois de Janvier, Avril, Juillet et Octobre.

La collection complète des cinq années de ce Journal,
dont la sixième a commencé le 1er Avril 18o7, se vend, avec
les tables méthodiques des Ouvrages et des Libraires, 5o fr.
—Il n'en reste qu'un petit nombre d'exemplaires.